34-36, rue La Pérouse, 75016 Paris

www.hugopublishing.fr

Margaux Decugis

LA SALE HISTOIRE DE FRANCE

ET D'AILLEURS

Hugo Image

sommaire

Remerciements

Je tiens d'abord à remercier ma mère, qui m'a appris à être curieuse, et auprès de laquelle j'ai pris goût à la lecture, à l'Histoire et à l'humour. Pour tous ces moments précieux à deux, merci.
Merci à Victor, qui m'a encouragée avant même que ce projet ne voie le jour. Il sait combien je lui suis reconnaissante d'avoir écouté mes craintes, de m'avoir soutenue toutes ces années et d'avoir compris à quel point sa patience et sa gentillesse me sont vitales.
Comment exprimer ma gratitude à ma sœur Anaïs pour ses conseils si précieux, et à mon père pour son appui constant ?
Merci à ces quelques professeurs qui m'ont transmis les connaissances et la rigueur nécessaires à l'ébauche de ce livre.
Et enfin, un immense merci aux abonnés de mon compte Instagram @sale_._histoire, si bienveillants et loyaux, grâce à qui cette merveilleuse aventure n'aurait jamais eu lieu.
Je finis avec une pensée extrêmement affectueuse à l'égard de mon éditeur Pierre, pour sa bienveillance et sa confiance indéfectibles.

introduction

Cet ouvrage est le fruit de longues années de lectures, de recherches, d'échanges, de visites et de rencontres.
Médiatrice culturelle, j'ai été, lors du premier confinement mis en place en mars 2020 afin d'enrayer la pandémie de coronavirus, privée de mon emploi lorsque les musées de France ont fermé leurs portes aux visiteurs. Mais mon envie de transmettre et partager une culture historique vivante, drôle ou étonnante m'a poussée vers les réseaux sociaux, pour retrouver le public que j'aime tant. J'y ai alors publié ma première « sale histoire » : une affaire de manuscrit taché du sang de Robespierre lors de son arrestation en 1794. J'avais frissonné à la lecture de cette anecdote et je ne voulais pas être la seule.
Première publication, premières réactions. Et, une fois la machine lancée, et les musées réouverts, je n'ai pas voulu abandonner ce projet. Grâce à lui, j'ai vécu des aventures extraordinaires nées de ma passion pour l'histoire, et de fil en aiguille, l'idée de ce livre a fait son chemin.
Ni ouvrage universitaire ni livre d'érudit, ce recueil de plus de 200 anecdotes a d'abord été conçu pour le plaisir de tous les amateurs d'histoires insolites et surprenantes, aimant rêver, rire et réfléchir.
Je vous souhaite donc un bon voyage dans le temps !

Margaux Decugis
@sale_._histoire

Légende des pictogrammes apparaissant dans l'ouvrage

- Antiquité
- Moyen Âge
- Temps modernes
- Époque contemporaine

MAIS QUE FAIT LA POLICE ?

L'histoire fourmille de crimes crapuleux, d'injustices criantes et d'affaires mystérieuses. Du délit de sale gueule avant l'heure à la profanation de sépultures, en passant par une belle tripotée d'arnaques, en voici une petite sélection… pas piquée des hannetons !

Jean... peux plus de cette famille

Oyez, oyez ! Laissez-moi vous conter la triste et sale histoire de Jean Ier le Posthume.

Né en novembre 1316, le petit prince, fils posthume de Louis X le Hutin mort en juin 1316 et de Clémence de Hongrie, est la cible de toutes les malveillances alors que fait rage la guerre de succession pour le trône de France. Cinq jours après sa naissance, l'héritier direct du roi défunt meurt soudainement de manière inexplicable. Après le décès de l'enfant, c'est son oncle, le régent Philippe de Poitiers, qui monte sur le trône sous le nom de Philippe V. Une bien belle opportunité qui alimente la légende noire autour de la mort du petit Jean : de là à dire que son tonton ou la belle-mère de celui-ci, Mahaut d'Artois, auraient zigouillé le bébé, il n'y a qu'un pas.

Malgré le fait que la mort de l'enfant ait été établie, un jeune marchand italien débarque à la cour de France trente ans plus tard, en prétendant être le petit Jean. L'héritier de la couronne revient donc d'entre les morts, et ça, ça ne plaît pas beaucoup à tous ceux qui gravitent autour du trône. Il est donc arrêté et emprisonné pour imposture, et meurt dans sa cellule en 1362.

Un petit corps aura pourtant bien été enterré dans la cathédrale Saint-Denis en 1316 puisque plus de 470 ans plus tard, durant la Révolution, les restes d'un cadavre d'enfant seront exhumés par les profanateurs des sépultures royales et jetés dans une fosse commune. Mystère, mystère...

Le 20 novembre 1316, le convoi funéraire de Jean Ier le Posthume porte le petit roi de cinq jours à la basilique de Saint-Denis pour l'y enterrer aux pieds de son père, Louis X le Hutin.

Christine IS the queen !

Élevée comme un jeune garçon par une mère névrosée et maltraitante, Christine de Suède (1626-1689), petite femme d'1,50 m, règne d'une main de fer sur la Suède depuis 1650. Artiste, sportive, arborant pipe et vêtements masculins, rétive au mariage, Christine ne laisse pas d'impressionner ses amis – Descartes, Pascal ou Spinoza – mais aussi celles et ceux qui se succèdent dans son lit au quotidien. Pourtant jouer les « sex friends » de Christine n'est pas de tout repos ! Le marquis de Monaldeschi en sait quelque chose. Favori de la reine, celle-ci découvre en 1657 que l'homme qu'elle a élevé à la position de grand-écuyer est tombé amoureux d'une jeune et jolie Française. Trahison ! Christine, accueillie en France depuis son abdication, le confronte alors dans la galerie du château de Fontainebleau et ordonne à ses gardes (dont le capitaine est son nouvel amant !) de régler son compte à Monaldeschi... Eh oui, en Suède comme ailleurs, la vengeance est un plat qui se mange froid.

Sébastien Bourdon, *Christine de Suède à cheval* (1653), huile sur toile (383 x 291 cm), musée du Prado, Madrid.

L'affreux Jojo

Georges Danton (1759-1794) a la carrure d'un grand et gros paysan à la gueule cassée. Littéralement. Âgé d'à peine quelques mois, il boit du lait directement au pis d'une vache quand il se fait charger par un taureau (jaloux ?) qui lui fend la lèvre. Quelques années plus tard, un autre taureau lui pète le nez.
Bref, une fois adulte (et avocat), il fait peur et impressionne avec sa grosse voix. Parfait pour incarner l'un des chefs de la Révolution et jouer un rôle de premier plan lors des principaux événements de cette période troublée – la prise de la Bastille, la journée du 10 août 1792, les massacres de septembre...
Enfin, jusqu'à ce qu'il soit arrêté pour trahison en 1794 et guillotiné en place publique à 34 ans. Pour un délit de sale gueule ?

« Tu montreras ma tête au peuple, dira Danton au bourreau Sanson, elle en vaut la peine ! » On le croit sur parole.

Il est l'or...

Notre histoire se déroule de nuit dans le cimetière de Rennes-le-Château, bourg du sud de la France, à la fin du XIXe siècle. L'abbé Béranger Saunière et sa servante, Marie Dénardaud, sont occupés à retourner les tombes des Rennains passés de vie à trépas. L'objet de ces fouilles nocturnes ? Un trésor. Celui des Templiers ou celui des Cathares ? Plus sûrement, des titres de propriété, des vêtements de prix, probablement quelques espèces sonnantes et trébuchantes arrachées aux macchabés... qui offrent rapidement aux deux complices une vie de château.
Si le brusque changement de train de vie de nos deux fossoyeurs suscite la curiosité, rien ne filtre quant à l'origine de ces richesses tombées du ciel. L'abbé emporte son secret dans la tombe en 1917 et Marie Dénardaud, après quelques démêlés avec les impôts, se débarrasse en loucedé de biens trop visibles. En 1953, une attaque cérébrale la laisse muette et paralysée pendant quelques jours avant de l'emporter sans qu'elle ne se soit confessée.
Le mystère de ce faste soudain ne sera donc jamais dévoilé. L'abbé et sa servante auraient-ils vendu leur âme au diable ? Peut-être, si l'on en juge par la sculpture d'Asmodée qui soutient le bénitier de l'église du village. Asmodée, le gardien des trésors ? Lui-même...

Mais d'où l'abbé Béranger Saunière (à droite, surplombant ses ouailles) tire-t-il cette fortune qui lui permet de mener grand train et de se faire construire, entre autres, à Rennes-le-Château, la villa Béthanie ?

RENNES-LE-CHATEAU. — Villa Béthanie, église, clocher, jardin potager.

« À la Saint-Barthélemy, paie qui doit ! »

Dans les années 1560, les guerres de religion ravagent la France. Catholiques et protestants s'entretuent à qui mieux mieux. Mais un traité signé en 1570 autorise ces derniers à pratiquer leur foi, au grand dam des Catholiques, qui, deux ans plus tard, s'étranglent à l'annonce du mariage entre Henri de Navarre (l'un des chefs du clan huguenot et futur Henri IV) et Margot (sœur du roi Charles IX, catholique). Et là, tout s'emballe.

L'un des conseillers du roi, Gaspard de Coligny, se prend une balle dans le buffet quatre jours après les noces. Blessé au bras, il est rapidement transporté dans son hôtel particulier. Mais l'attentat a mis le feu aux poudres. Profitant de la présence à Paris des principaux chefs protestants, les cathos décident de les éliminer. Parmi les premiers à se faire trucider : Coligny. Trois hommes s'introduisent dans sa chambre et lardent son corps de coups de dague. Une fois mort, ils le défenestrent, l'émasculent, le décapitent, l'éviscèrent avant d'aller le pendre tant bien que mal par les pieds au gibet de Montfaucon.

Les bourreaux ne s'arrêtent pas là. Après le gros gibier, haro sur le menu fretin ! Dans la nuit du 23 au 24 août 1572, les protestants de la capitale – hommes, femmes, enfants et vieillards, sont passés au fil de l'épée (enfin, je vous la fais courte…). Les malheureux n'ont aucun moyen de fuir, les portes de la ville ont été fermées. On relèvera 3000 victimes à Paris et environ 10 000 dans toute la France – la folie meurtrière ayant gagné les provinces françaises quelques jours, voire quelques mois plus tard. Pas la meilleure période pour faire du tourisme, donc…

(Haut) Édouard Debat-Ponsan, *Un matin, devant la porte du Louvre* (1880), huile sur toile (318 x 400 cm), musée d'art Roger-Quilliot, Clermont-Ferrand.
(Bas) François Dubois, *Massacre de la Saint-Barthélemy* (1572-1584), huile sur panneau (94 x 154 cm), musée cantonal des Beaux-Arts de Lausanne.

Illustration d'Achille Beltrame figurant en une de *La Domenica del Corriere*, daté de septembre 1911.
Photographie de Vincenzo Peruggia, datée du 25 janvier 1909.

La Joconde en cavale !

Le 21 août 1911, au Louvre, un gardien constate que le mur qui accueille normalement *La Joconde* est vide. Pensant que le célèbre tableau a été déplacé par les employés du musée, il ne donne pas l'alerte immédiatement et ce n'est que le lendemain qu'il signale la disparition du chef-d'œuvre. Entre-temps, l'eau a le temps de couler sous les ponts de la Seine...

Une fois que tout le monde a bien compris que *La Joconde* a quitté les lieux sans autorisation, c'est le branle-bas de combat, l'affolement général. On contrôle les frontières, on soupçonne à tour de bras. Même Apollinaire et son pote Picasso, qui avaient déjà trempé dans des histoires de vol d'œuvres d'art, sont appréhendés et Apollinaire est emprisonné quelques jours à la Santé, centre pénitentiaire de Paris.

Les semaines, les mois et les années passent. Toujours pas de nouvelles de Monna Lisa... jusqu'à ce qu'un employé du Louvre, un ouvrier italien nommé Peruggia, soit arrêté : c'est lui qui a volé la toile, l'a cachée dans sa chambre et a fait l'erreur de la proposer à la vente. Le mobile ? Le chef-d'œuvre de Vinci n'a rien à faire en France, selon l'accusé. D'après lui, ça a été super facile de le voler : seul dans la pièce, sans surveillance, il a simplement décroché la toile du mur comme un banal tableau de salon.

Depuis *La Joconde* a finalement retrouvé sa place, protégée par une grosse vitre blindée. Elle n'a quitté le Louvre que deux fois : en 1963 (pour les États-Unis) et en 1974 (pour le Japon) dans le cadre d'un prêt inter-musées. Aujourd'hui, le prix de son voyage à l'étranger coûterait entre 30 et 35 millions d'euros. Ça calme...

Portrait présumé de la marquise de Brinvilliers.

Ça sent le soufre...

L'« Affaire des poisons » éclate à la cour du Roi-Soleil dans les années 1670-80 après qu'on a constaté à Paris plusieurs morts inexpliquées, à la suite sans doute d'un empoisonnement.
Dès lors, une véritable chasse aux sorcières (au sens propre) s'organise : plusieurs personnes, la plupart du temps des femmes, sont soupçonnées, arrêtées et jugées par un tribunal exceptionnel baptisé la « Chambre ardente ». Parmi les suspects, la marquise de Brinvilliers, qui a eu la bonne idée de s'essayer à l'alchimie avec son amant et d'avoir empoisonné tour à tour son père, ses frères et sa sœur. Son journal intime (où l'imprudente a couché ses petites magouilles), ainsi que quelques fioles de bave de crapaud et d'arsenic traînant dans une boîte, servent de preuves. Partie en cavale, elle est finalement rattrapée à Liège quatre ans plus tard, enfermée à la Conciergerie puis décapitée en place de Grève le 17 juillet 1676.
Son arrestation met au jour d'autres ténébreuses affaires dans lesquelles il est question de potions mortelles et de rituels sataniques. Et les empoisonneuses sont plusieurs à tomber les unes après les autres, à l'exemple de Marie Bosse, diseuse de bonne aventure, qui, prise de boisson, vante tout haut ses méfaits de sorcière ou encore Catherine Deshayes, dite « la Voisin », accoucheuse et avorteuse notoire, ayant sacrifié, selon ses dires (obtenus sous la torture ?) plus de 2 500 enfants prématurés lors de messes noires. Toutes les deux sont brûlées vives en place de Grève.

Puis un nom ressort, celui de madame de Montespan, ancienne favorite de Louis XIV, accusée d'avoir participé à des messes noires et d'avoir empoisonné ses rivales de cour. Si la courtisane et son entourage (sa belle-sœur et ses femmes de chambre) sont inquiétés, les preuves font défaut et les accusées sont relâchées. Mais c'en est trop pour le souverain, qui décide de sceller cette affaire et fait brûler, en 1709, les différents rapports de police. Quelques écrits ayant échappé à la destruction nous ont tout de même permis d'établir qu'au cours de cette mystérieuse Affaire des poisons, plus de 440 personnes ont fait l'objet d'une accusation. Parmi celles-ci, 36 ont été condamnées à mort, 30 ont été acquittées et 38 ont été bannies.
Pas une mince affaire, donc...

Mon poisson ? Bien sûr qu'il est du jour !

Foires et marchés prospèrent au cours du Moyen Âge. Au cœur des villes, sur les ponts, entre les maisons, les échoppes sont nombreuses et alimentent un trafic, encadré par une solide régulation, prévoyant, entre autres, que les marchands n'ont pas le droit de vendre leurs produits la nuit, afin d'éviter d'exposer la population aux dangers nocturnes. Ceux qui bravent l'interdit travaillent donc dans le noir…
De là vient donc l'expression « travailler au noir » – autrement dit, illégalement.

Félix de Vigne, *Une foire franche à Gand au Moyen Âge* (1862), huile sur toile (100,5 x 168,3 cm), musée des Beaux-Arts de Gand.

Septembre 1792 : la double peine des suspects

Début septembre 1792, Danton fait comprendre au peuple qu'il faut éliminer les traîtres à la nouvelle République. Qui sont-ils ? Des hommes et des femmes « suspects » de sentiments royalistes. Et où sont-ils ? Au cachot.
Ni une ni deux, les Parisiens se ruent dans les prisons de la capitale. Armés de haches, de piques, de sabres ou de gourdins (les armes à feu ont été réquisitionnées pour l'usage militaire), les sans-culottes mettent le cap sur la Conciergerie, la prison de la Force, le Couvent des Carmes, la Salpêtrière, le Châtelet ou même l'hôpital de Bicêtre, où sont enfermés des aliénés et des ados en pleine crise.

En tout, entre 1 100 et 1 400 personnes (hommes, femmes, enfants) sont tuées en cinq jours. Face à ces émeutes sanglantes, Marat et Danton appellent le peuple à se calmer.
Non je rigole, en fait ils ont appelé à la généralisation des massacres dans toute la France… et c'est à Nantes que cette banalisation de la violence sera la plus parlante, avec au moins 1 800 morts noyés dans la Loire entre novembre 1793 et février 1794 sur les ordres de Jean-Baptiste Carrier.

Gravure de 1871 représentant les « Septembriseurs », les révolutionnaires ayant participé aux massacres de septembre 1792.

Charlot le parano

Charles VII (1403-1461) est un futur roi très angoissé. Doutant de sa propre légitimité au trône de France, le dauphin se morfond, prêt à renoncer à ses droits lorsque Jeanne d'Arc arrive pour lui remettre les idées en place et le faire sacrer à Reims en 1429. Et une fois sacré, ça va mieux ? Pas vraiment.
Charles VII entretient de mauvaises relations avec son fils, le futur Louis XI, qui semble conspirer contre lui. Craignant que l'héritier au trône ne l'empoisonne, Charles VII s'enferme dans son château de Mehun-sur-Yèvre et... se laisse mourir de faim.
Quel était son surnom déjà ? Charles VII, « le Bien Servi ». Non, sans blague...

Jean Fouquet, *Portrait de Charles VII* (vers 1445-1450), huile sur panneau.

Le 29 décembre 1386, Jehan de Carrouges tue Jacques Le Gris lors d'un duel judiciaire autorisé par le parlement de Paris.

Le dernier duel

En 1386, le chevalier Jehan de Carrouges et son compagnon d'armes Jacques Le Gris se battent en duel. L'amitié qui lie les deux hommes s'est éteinte après que Marguerite de Thibouville, la femme de Jehan, s'est plainte à son époux d'avoir été violée par Jacques pendant que ce dernier est parti en Écosse. Mis en accusation, Le Gris, qui possède un alibi en béton, se défend en en référant au comte d'Alençon. La justice des hommes se révélant incapable de trancher en faveur de l'un ou l'autre des deux camps, le Parlement en appelle à Dieu pour désigner le coupable – Le Gris le violeur ou Marguerite l'affabulatrice, soutenue par son mari. Jacques et Jean devront donc se battre en duel. Ce duel est une ordalie. Celui qui meurt est puni par Dieu : il est donc le coupable.

Le combat à mort se tient à Paris, dans l'enceinte du « champ mortel », place Sainte-Catherine, près du Temple. Après une joute peu concluante, les deux hommes descendent de cheval et s'affrontent à coup d'épée. Jacques finit par trébucher. À terre, il continue de nier les faits. Jehan embroche alors son compagnon, dont la dépouille finit à Montfaucon. Ainsi se termine cette « bataille jusque à outrance », le dernier duel judiciaire officiel français.
Selon les archives, quelques années plus tard, un criminel avoue avoir agressé la « dame de Carrouges » en se glissant discrètement dans ses appartements.
Alors, à qui la faute ?

Je vois, je vois...
que cette histoire va vous plaire !

Marie-Anne Lenormand naît dans une modeste maison alençonnaise en 1772. Dès son plus jeune âge, elle s'amuse à lire l'avenir à ses copines du couvent – pas commun comme distraction pour une enfant. Peu à peu, son entourage constate la véracité de ses prédictions. Mince alors, une pythie chez les sœurs ! Ça fout la trouille à tout le monde et Marie-Anne est expulsée.

On est en 1790 et l'apprentie voyante monte à Paris – en pleine Révolution française ! Qu'à cela ne tienne : la prophétesse, qui se voit mourir à plus de cent ans, apprend le tarot divinatoire, la lecture de l'avenir dans le marc de café, les œufs cassés ou les reflets des miroirs. Et ouvre son cabinet au fond de la cour du 5 rue de Tournon, dans le 6e arrondissement.

Là, elle fait le buzz : Marat, Robespierre, Desmoulins, Danton et Saint-Just se pressent à sa porte (je ne vous raconte pas leur tête en découvrant qu'ils la perdront !) puis, quelques années plus tard, sous le Premier Empire, c'est au tour de Joséphine de Beauharnais (dont elle écrira les mémoires *post mortem*, à la demande, dira-t-elle, de son fantôme !), puis, sous la Restauration, du roi Louis XVIII et du tsar Alexandre Ier de venir la consulter. Il faut dire que la Mme Irma de l'époque a prédit la mort violente de Louis XVI, alors forcément, ça attire du monde. Mais bon, tout ça, ça finit par faire désordre et Marie-Anne Lenormand passe plusieurs fois par la case prison : en 1794, pour « trouble à la Révolution », en 1803 et en 1809 pour trahison, puis en 1821 pour escroquerie et espionnage.

La Révolution passe, les consultations se font toujours plus nombreuses et la voyante, du haut de son tas d'or, se fatigue de cette vie trépidante. Une crise cardiaque l'emporte en 1843. Celle-là, elle l'avait pas vue venir !

Gravure du frontispice de l'ouvrage *Les Souvenirs prophétiques d'une sibylle sur les causes secrètes de son arrestation*, rédigé en 1809 par Marie-Anne Lenormand.

Poète et mauvais garçon

Le jeune François Villon est intenable. À 24 ans, il dessoude un prêtre lors d'une rixe. Après s'être défait d'une maîtresse un peu trop collante, il vole 500 écus d'or dans une sacristie avec des potes et prépare déjà un autre cambriolage lorsque les aveux de ses complices (obtenus sous la torture) lui valent de sérieux ennuis avec la maréchaussée. Alors Villon joue les filles de l'air, troussant au cours de sa cavale quelques jolis poèmes. Après moult bagarres, vols et autres arrestations pour cause de vagabondage, il est finalement condamné à la pendaison. C'est sans doute en prison qu'il rédige son œuvre maîtresse, *La Ballade des pendus*. Une décision de justice lui évite le gibet mais l'envoie pour dix ans en exil. On perd définitivement la trace de l'artiste, qui, toujours recherché pour ses anciens crimes, préfère rester discret. On le comprend.

Ludwig Rullmann, *Portrait de François Villon* (fin XVIIIe-début XIXe s.).

Une histoire de ouf !

Charles VI, dit le « Bien-Aimé » règne sur la France de 1380 à 1422 – un surnom qu'il ne portera pas longtemps et qui s'effacera au profit de Charles « le Fol ». En effet, le souverain est sujet à d'étranges accès de démence.
Première crise en 1392. En plein été, le roi échappe à un guet-apens sur une route de Bretagne. Le bruit d'une lance tombée par terre provoque sa fureur : Charles VI trucide quatre de ses compagnons de voyage. Quelques minutes plus tard, il ne reconnaît plus aucun des membres de l'escorte royale. Pas même son propre frère.
Plus tard, il se persuade qu'il est fait de verre, pense que son vrai nom est Georges, prend son épouse pour une étrangère et la passe à tabac.
Comme on le croit suicidaire, on fait murer les fenêtres de son palais de Saint-Pol et on lui retire son couteau. On met les bouchées doubles pour le soigner mais personne ne parvient à le guérir. Les médecins et les sorciers qui échouent à leur mission sont exécutés. Problème : on est en pleine guerre de Cent Ans. Charles choisit mal son moment pour perdre la raison... Alors son entourage se dévoue (les pauvres...) pour diriger officieusement le royaume à sa place.
Après 40 ans de règne, et tout autant de recherches, de tentatives, d'espoirs déçus et de crises de folie, le roi s'éteint des suites d'une courte maladie. Alors ? Schizophrénie ? Paranoïa ? Les deux, mon capitaine ? Les psychiatres se sont depuis penchés sur son cas et ont diagnostiqué, près de 600 ans plus tard, une « folie maniaco-dépressive. » Tu parles, Charles...

Gillot Saint-Èvre, *Charles VI (1368-1422), roi de France* (1838), huile sur toile (92 x 74 cm), château de Versailles.

La zone

La cour des Miracles désigne, au Moyen Âge, un ensemble de quartiers situés à Paris mais également dans plusieurs grandes villes de France. Plutôt mal famés, ces quartiers servent de repaires nocturnes à toute une population de miséreux, mendiants et autres malheureux, gagnant tout juste de quoi survivre en demandant l'aumône dans les rues de la capitale. Leur technique est bien rôdée : exhibant membres sectionnés et maladies incurables, ils émeuvent le passant qui s'allège d'une piécette ou deux... sans s'apercevoir qu'un complice lui a dérobé sa bourse au passage.
De retour au bercail, pouf ! bras et jambes coupés réapparaissent, pustules et cicatrices disparaissent comme par magie... D'où le nom de « cour des Miracles ».
La cour des Miracles de Paris sera dissoute par le premier lieutenant général de police, Gabriel Nicolas de La Reynie en 1668.

Gustave Doré, *La Cour des miracles* in *Histoire du nouveau Paris* (1860), gravure.

C'EST BEAU L'AMOUR

Entre les maris jaloux, les drames passionnels, les mariages arrangés et les frasques de quelques tarés un peu trop portés sur la chose, l'amour à travers les âges, ça fait pas franchement rêver…

La love story qui fait pas franchement envie

Au XIIe siècle, la jeune Héloïse, 16 ans, tombe folle amoureuse de son prof de philo, Pierre Abélard. Le couple décide alors de s'unir, au grand dam de l'oncle de la damoiselle. Mais problème : elle est enceinte.
Les deux amoureux fuient et se marient en secret. Mais tonton Fulbert a lâché ses hommes de main sur les traces d'Abélard, qui l'émasculent, histoire de lui apprendre à pas laisser traîner sa zigounette. La pression de la famille, c'est quelque chose...
Entrés tous deux au couvent, les amants maudits continueront de correspondre par lettres jusqu'à la fin de leur vie. On leur élève un mausolée, une petite chapelle néogothique après l'ouverture du Père Lachaise à Paris en 1804, histoire d'attirer les badauds dans ce coin perdu de la capitale. C'est cher payé du mausolée quand même...

Charles Durupt, *Héloïse et Abélard ou La Leçon d'astronomie* (v. 1837), huile sur toile (91,9 x 73 cm).

Râ lovely !

Ramsès II pourrait figurer dans *Le Livre des records*. Déjà, son règne dure super longtemps : environ 70 ans (oui, le croûton meurt à 90 ans, ce qui est extrêmement vieux pour les années 1200 av. J.-C.). Pendant qu'il occupe le trône d'Égypte, il épouse 12 femmes (dont 6 sont ses propres filles, on adore c'est très sain), et entretient près de 200 concubines, qui lui donneront... 126 enfants. Son secret ? Le yoga et notamment la posture de la pyramide... Non, je rigole !

Détail d'une fresque du temple Beit el-Wali (basse Nubie) représentant Ramsès II lors d'une expédition militaire (British Museum, Londres).

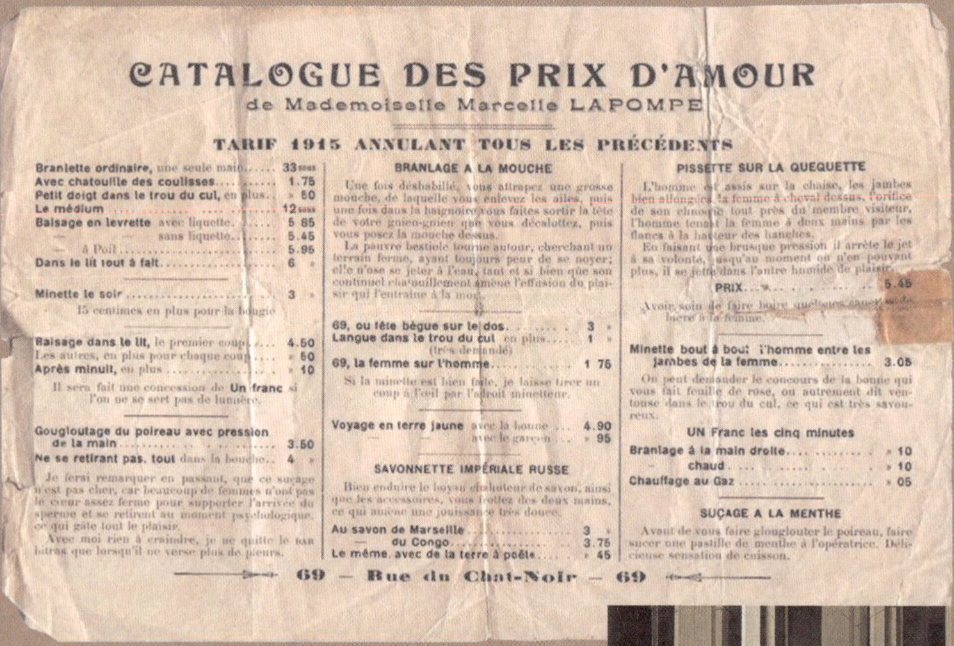

CATALOGUE DES PRIX D'AMOUR
de Mademoiselle Marcelle LAPOMPE

TARIF 1915 ANNULANT TOUS LES PRÉCÉDENTS

Branlette ordinaire, une seule main...... 33 sous
Avec chatouille des coulisses...... 1.75
Petit doigt dans le trou du cul, en plus.. » 50
Le médium...... 12 sous
Baisage en levrette avec liquette...... 5 85
— — sans liquette...... 5.45
— à Poil...... 5.95
Dans le lit tout à fait...... 6 »

Minette le soir...... 3 »
15 centimes en plus pour la bougie

Baisage dans le lit, le premier coup...... 4.50
Les autres, en plus pour chaque coup...... » 50
Après minuit, en plus...... » 10
Il sera fait une concession de **Un franc** si l'on ne se sert pas de lumière.

Gougloutage du poireau avec pression de la main...... 3.50
Ne se retirant pas, tout dans la bouche.. 4 »
Je ferai remarquer en passant, que ce suçage n'est pas cher, car beaucoup de femmes n'ont pas le cœur assez ferme pour supporter l'arrivée du sperme et se retirent au moment psychologique, ce qui gâte tout le plaisir.
Avec moi rien à craindre, je ne quitte le barbitras que lorsqu'il ne verse plus de pleurs.

BRANLAGE A LA MOUCHE
Une fois déshabillé, vous attrapez une grosse mouche, de laquelle vous enlevez les ailes, puis une fois dans la baignoire vous faites sortir la tête de votre gnien-gnien que vous décalottez, puis vous posez la mouche dessus.
La pauvre bestiole tourne autour, cherchant un terrain ferme, ayant toujours peur de se noyer; elle n'ose se jeter à l'eau, tant et si bien que son continuel chatouillement amène l'effusion du plaisir qui l'entraîne à la mort.

69, ou tête bègue sur le dos...... 3 »
Langue dans le trou du cul en plus...... 1 »
(très demandé)
69, la femme sur l'homme...... 1 75
Si la minette est bien faite, je laisse tirer un coup à l'œil par l'adroit minetteur.

Voyage en terre jaune avec la bonne...... 4.90
— — avec le garçon...... » 95

SAVONNETTE IMPÉRIALE RUSSE
Bien enduire le boyau chahuteur de savon, ainsi que les accessoires, vous frottez des deux mains, ce qui amène une jouissance très douce.
Au savon de Marseille...... 3 »
— **du Congo**...... 3.75
Le même, avec de la terre à poêle...... » 45

PISSETTE SUR LA QUEQUETTE
L'homme est assis sur la chaise, les jambes bien allongées, la femme à cheval dessus, l'orifice de son chnoque tout près du membre visiteur, l'homme tenant la femme à deux mains par les flancs à la hauteur des hanches.
En faisant une brusque pression il arrête le jet à sa volonté, jusqu'au moment où n'en pouvant plus, il se jette dans l'antre humide de plaisir.
PRIX...... 5.45
Avoir soin de faire boire quelques coups de bière à la femme.

Minette bout à bout : l'homme entre les jambes de la femme...... 3.05
On peut demander le concours de la bonne qui vous fait feuille de rose, ou autrement dit ventouse dans le trou du cul, ce qui est très savoureux.

UN Franc les cinq minutes
Branlage à la main droite...... » 10
— **chaud**...... » 10
Chauffage au Gaz...... » 05

SUÇAGE A LA MENTHE
Avant de vous faire glouglouter le poireau, faire sucer une pastille de menthe à l'opératrice. Délicieuse sensation de cuisson.

69 — Rue du Chat-Noir — 69

Réglementer la prostitution : un vrai bordel

Prostitué(e), le plus vieux métier du monde ? Pas faux. Dans l'Antiquité grecque ou romaine, les cités regorgent de bordels où hommes et femmes tapinent pour satisfaire le client.
Ces établissements perdurent, malgré les nombreuses tentatives du pouvoir pour leur faire fermer boutique. En France, Louis IX les remise en dehors de Paris (panique chez les Parisiens donc...) avant que Charles V ne mette de l'ordre dans les lupanars et exige une organisation nickel et une hygiène parfaite – entre autres privations du peu de libertés des travailleuses. La Révolution française dépénalise complètement la prostitution mais l'Empire fait marche arrière : les bordels sont désormais surveillés par la brigade des mœurs. Et si les années 1930 voient le retour en grâce des bastringues, la loi Marthe-Richard (une ancienne du métier) met définitivement fin à leurs activités juste après-guerre. En 1946, les maisons closes sont vraiment closes !

(Haut) Tarifs pratiqués par une prostituée, vers 1915.
(Bas) Louis Léopold Boilly, *Les Galeries du Palais Royal* (1809), peinture (50 x 63 cm), musée Carnavalet, Paris.

Victoria's secret

Depuis l'Antiquité – sauf exception – les hommes ont pris soin de préserver leur entrejambe des regards indiscrets. Ce qui est, cependant, plus difficile pour certains que pour d'autres.
Dans les années 1960, époque de libéralisation des mœurs, le bruit court que le prince Albert de Saxe-Cobourg-Gotha (1819-1861), époux de la reine Victoria, contraint de dissimuler son « bulge » (la bosse formée par le volume de ses parties génitales), a l'idée de se percer le pénis pour l'attacher, au moyen d'un ruban, contre son aine et le plaquer le plus discrètement possible contre sa peau.
Depuis, un piercing génital nommé « Prince-Albert » fait fureur auprès de certains représentants de la gent masculine. *Shocking !*

Franz Xaver Winterhalter, *La Famille royale en 1846* (1846), huile sur toile (250,5 x 317,3 cm), Royal Collection Trust, Londres.

Maudits poètes, poètes maudits

Les noms de Paul Verlaine (1844-1896) et d'Arthur Rimbaud (1854-1891) sont aujourd'hui inextricablement liés. Le premier, Verlaine, est marié et père d'un enfant lorsqu'il noue une relation fusionnelle avec Rimbaud, lequel n'a que 17 ans et dix ans de moins que le Polo. Les deux compères se sont bien trouvés : Verlaine est un alcoolique notoire, violent, qui a déjà essayé plusieurs fois de tuer sa mère en l'étranglant. Son jeune amant est en pleine rébellion, s'enthousiasme pour la Commune de Paris et déserte régulièrement le foyer familial, faisant le désespoir de Mme Rimbaud chez qui les gendarmes le ramènent par la peau des fesses. La love story finit mal (ça vous étonne ?) : lorsque le jeune Arthur rompt avec Paul, ce dernier lui tire dessus deux fois avec un revolver Lefaucheux calibre 7 devenu tristement célèbre. L'une des deux balles touche Arthur au poignet, l'autre se loge dans le parquet de leur chambre d'hôtel bruxellois. On est en juillet 1873 et ces deux coups de feu signent la fin de leur relation. Inculpé pour tentative d'assassinat – et homosexualité (faut pas oublier qu'on est au XIXe siècle) – Verlaine croupit un an et demi en prison.

Après ce malheureux épisode, Verlaine, largué par son épouse qui a déjà été assez patiente, retourne se saouler à l'absinthe et n'aura bientôt plus de nouvelles de son ami, qui a totalement disparu et que l'on croit mort. Pourtant, Rimbaud est bien vivant : il est seulement parti vivre en Afrique puis en Arabie, où il a totalement abandonné la littérature pour devenir négociant, explorateur et trafiquant d'armes. Souffrant de fièvres et de maladies qui bientôt l'empêchent de se mouvoir, il rentre en France en mai 1891 pour se faire soigner. Amputé d'une jambe, son état empire et vire à la paralysie. La mort l'emporte le 10 novembre 1891, à seulement 37 ans.

Et Verlaine, alors ? Devenu professeur puis répétiteur, il part vivre à Londres en 1878 avec l'un de ses élèves, Lucien Létinois, âgé de... 17 ans (!). Mais l'idylle tourne court et le jeune homme décède à 23 ans de la fièvre typhoïde. Verlaine, esseulé, revient en France, erre dans les cafés parisiens et meurt dans son appartement de la rue Descartes en 1896.

Ah, la vie de bohème...

Sur ce tableau d'Henri Fantin-Latour intitulé *Coin de table* (1872, musée d'Orsay, Paris), Verlaine et Rimbaud sont représentés à l'extrême gauche de l'œuvre.

Sortez couverts !

Le préservatif masculin ne date pas d'hier. Les Égyptiens utilisaient des boyaux d'animaux, les Japonais, des écailles de tortue (souples évidemment), les Chinois, du papier de soie huilé.

En Occident, à l'époque médiévale, on remballe la capote : soupçonnés d'encourager à la luxure, les fabricants de préservatifs sont condamnés au bûcher. Génial, c'est pratique.

Mais avec l'arrivée de quelques épidémies de M.S.T. pas piquées des hannetons (vérole, syphilis...), le condom (poche de lin, pièce de tissu illustrée dont on se sert plusieurs fois...) reprend du service ! Casanova en vérifie toujours la fiabilité, en soufflant à l'intérieur afin d'identifier les potentiels trous d'air, avant de mettre le couvert. Le marquis de Sade, lui, préfère d'autres méthodes, comme la sodomie. Là, au moins, aucun risque d'avoir une traînée de mômes.

Mais si la syphilis a hérité du surnom peu flatteur de « mal français », pouvons-nous revendiquer l'invention de ce qui nous en protège ? Laissons Voltaire répondre : *« Est-ce aux Français qu'on doit les condoms ? Parbleu, vous vous moquez, nous n'avons pas seulement inventé une brouette ! »* (*Lettre à d'Alembert*, 4 mai 1759).

Gravure extraite d'une édition bruxelloise de 1872 des *Mémoires* de Casanova, représentant le célèbre séducteur (à gauche) en train de souffler dans une capote anglaise...

Ménage à trois

Avant de devenir la maîtresse de Louis XIV, madame de Montespan avait un mari. Lequel aurait dû, comme le voulait l'usage à l'époque, se réjouir de l'honneur que lui faisait le souverain en lui piquant sa chère et tendre. Sauf que monsieur de Montespan, lui, ne l'entendait pas de cette oreille. Ayant appris la trahison de sa femme, il fit placer des cornes (de vraies cornes oui, des bois de cerf précisément) sur son carrosse pour se pavaner devant la cour, la larmichette à l'œil et le menton tremblant. De façon moins démonstrative, il tenta également de choper la vérole auprès de prostituées pour la refiler à sa dame, qui pourrait à son tour contaminer le roi. Du grand art.

Scène de ménage entre madame et monsieur de Montespan illustrant l'ouvrage *Histoire des cocus célèbres* (1871) d'Henri de Kock.

Profil du roi Nicomède IV figurant sur une pièce d'argent.

Nicomède et son Jules

Jules César (100 ou 101 av. J.-C.-44 av. J.-C.), selon son biographe Suétone, était un tombeur, collectionnant tant les conquêtes féminines que masculines, parmi lesquelles le roi de Bithynie (actuelle Turquie) Nicomède IV. La relation entre ces deux hommes, à la différence d'âge assez marquée, est intéressée, du moins du côté de César, puisque c'est en attente d'une faveur militaire (il souhaite que Nicomède s'allie aux Romains pour assiéger Mytilène, port de l'île de Lesbos) qu'il se glisse dans le lit du souverain. Pour avoir joué les diplomates à l'horizontale, le jeune ambassadeur sera moqué par la quasi-totalité de ses concitoyens et même ses propres soldats, qui le qualifient de « mari de toutes les femmes, et femme de tous les maris » et le surnomment « la Reine de Bithynie. »
Bon, les légionnaires, là, et si vous commenciez par balayer devant votre porte, hein ?

Pierre Firens, *Louis XIII et Anne d'Autriche* (XVIIe s.), gravure (17,5 x 23,8 cm), musée Condé, Chantilly.

Quand ça matche pas... ça matche pas !

Le roi Louis XIII (1601-1643) n'a que 14 ans lorsqu'il rencontre sa future épouse, Anne d'Autriche. Le *date* se passe mal, le jeune homme a la goutte sur le front, il n'ose pas parler... Et la nuit de noces prolonge son supplice : l'expérience est si traumatisante qu'il mettra quatre ans avant de retourner dans le lit de sa femme.
Mais à partir de là, il décide de tout donner ! Chaque soir est soir de fête ! Tout le monde s'en réjouit (c'est gênant), et le pape Paul V en personne écrit au roi une lettre de félicitations (c'est encore plus gênant).
Puis... plus rien ou presque. Louis XIII se dit « très dégoûté » de sa régulière, tandis que celle-ci se plaint qu'il la laisse insatisfaite. Mais surprise ! la reine tombe enceinte. L'heureux événement donnera naissance à Louis XIV – rien que ça ! On appelle ça un miracle, je crois, dans le jargon des obstétriciens.

Quand y en a pour deux, y en a pour trois

Aventurier italien très porté sur la chose, Casanova (1725-1798) défraie la chronique dans son pays natal : arrêté en 1755 pour libertinage, escroquerie et occultisme, il est emprisonné à Venise… à la suite d'une incartade, impliquant l'abbé de Bernis, ambassadeur du roi Louis XV et Marina Maria Morosini, jeune nonne d'une rare beauté dont les deux hommes se partagent les faveurs de la plus inédite des façons. Casanova taquine sa maîtresse dans une garçonnière de luxe, dont les murs sont couverts d'une tapisserie criblée de petits trous, derrière laquelle l'abbé peut assouvir ses appétits de voyeur…
Casanova réussit finalement à s'évader de la prison des Plombs pour rejoindre son pote en France. De là, il gagnera l'Europe, croisant la route des plus grands noms du XVIIIe siècle comme Mozart ou Rousseau. Séducteur invétéré, il entretiendra 122 liaisons amoureuses en moins d'une quarantaine d'années.
Qui dit mieux ?

Anton Raphael Mengs, *Giacomo Casanova* (1760), huile sur toile, collection privée.

Tout, tout, tout... sur le zizi de Louis

Henri IV a pour son fils, le futur Louis XIII, une ambition démesurée en matière... d'éducation sexuelle. D'abord, s'assurer que l'héritier est correctement membré : c'est chose faite en 1601 quelques heures à peine après la naissance du dauphin. Sa tante, la sœur du roi, le déclare « bien pourvu » ! Ensuite, soumettre le petit à un apprentissage poussé : c'est ainsi que le tout jeune Louis va se retrouver dans des situations plus qu'embarrassantes... Certains témoins, dont son propre médecin, Jean Héroard, rapportent qu'il aurait assisté, par exemple, aux ébats de son père avec l'une de ses maîtresses. La virilité de l'enfant est l'objet d'une attention toute particulière à la cour, qui ne doit pas manquer de la célébrer, en lui rendant hommage de la plus curieuse des façons, certains courtisans étant même sommés d'embrasser la royale bistouquette.
Après plusieurs épisodes traumatisants dans ce style, Louis XIII a d'abord développé un goût extrêmement prononcé pour les femmes... avant de se détourner d'elles. Il écrit même en 1638 qu'elles sont « impertinentes », avec « peu de sens ». Les mauvaises langues trouveront là la justification à ses amours homosexuelles.
Finalement, il aura tout réussi le bon roi Henri !

Frans Pourbus le Jeune, *Portrait du roi Louis XIII en 1611* (1611), huile sur toile (186,69 x 122,55 cm), musée d'art de Cleveland.

Gerrit van Honthorst, *L'Entremetteuse* (1625), Centraal Museum, Utrecht.

Inspectrice du travail fini

Vous vous êtes sans doute déjà retrouvé dans cette situation ô combien gênante, consistant à tenir compagnie à un couple d'amoureux très démonstratif ? Non ? C'est pas beau de mentir...
L'expression « Tenir la chandelle » est tirée d'une pratique courante au XVe siècle régissant les mariages : à cette époque glorieuse, les accoucheuses doivent vérifier que les jeunes épousées ont bien perdu leur virginité en inspectant à la lueur d'une bougie les draps (idéalement souillés d'une tache de sang) du lit nuptial.
Heureusement que de nos jours, cette pratique est devenue plus soft...

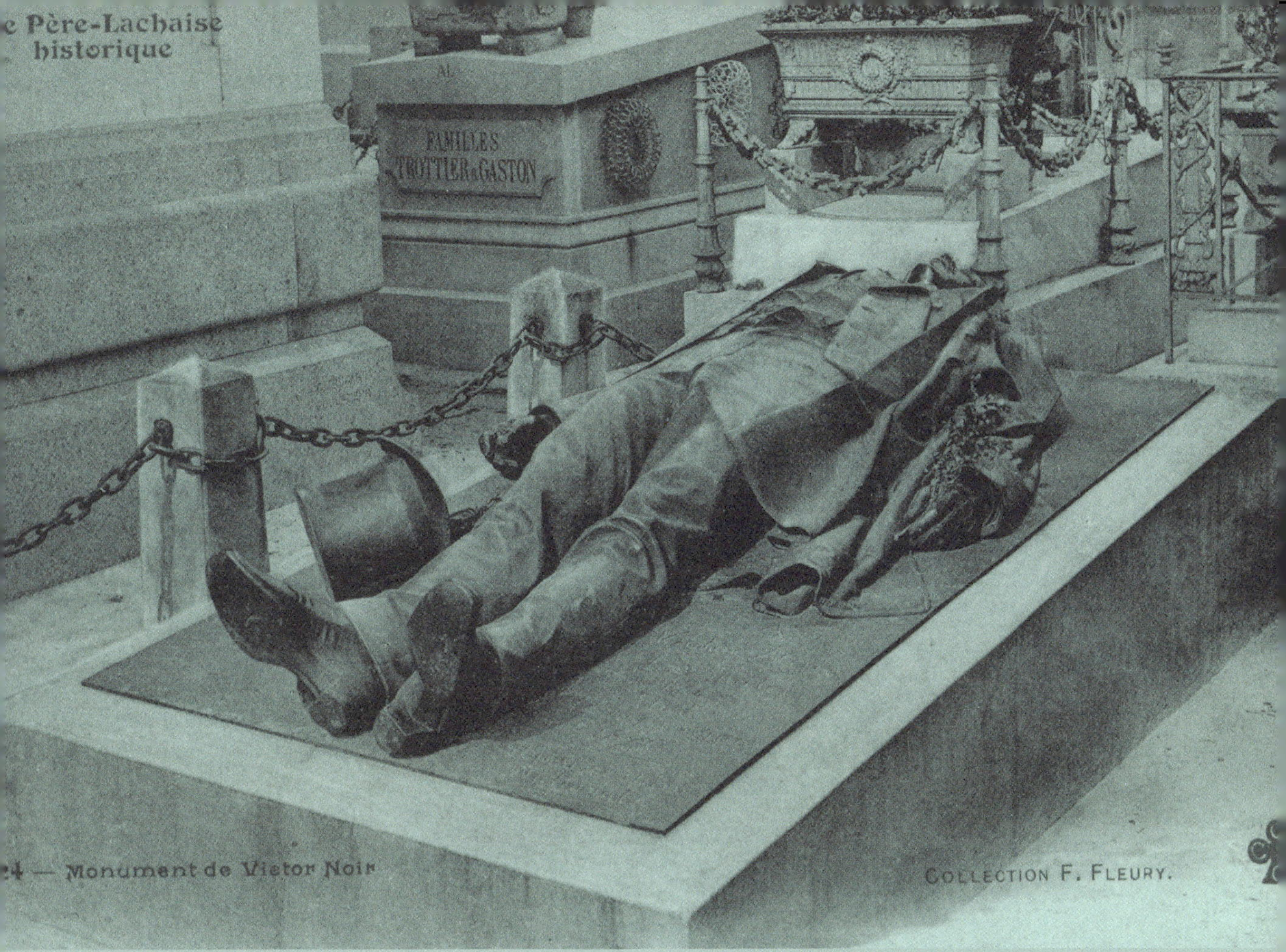

Le fabuleux destin de Victor Noir

Située au Père-Lachaise, plus précisément dans la 92e division du cimetière parisien, en bordure de l'avenue transversale n° 2, la sépulture de Victor Noir (rédacteur du journal *La Marseillaise* qui trouva la mort en 1870 à l'âge de 21 ans au cours d'un duel dont il n'était que le témoin) intrigue le passant. Couché sur la pierre tombale, une sculpture de bronze (signée Dalou) à l'effigie du journaliste semble avoir été moulée sur le corps du défunt de façon si réaliste qu'elle ne cache aucun détail, révélant un entrejambe particulièrement volumineux... dont la patine a complètement disparu.
La raison ? La tombe est depuis plus de cent ans visitée par des femmes désireuses de tomber enceintes, persuadées que toucher (ou s'allonger sur) la braguette du gisant les aidera à devenir mères. Mais à la suite de plaintes (des jaloux ?), la tombe est désormais bordée de barrières bordelaises et tout débordement est susceptible d'être puni d'une contravention. Victor Noir va peut-être enfin pouvoir dormir tranquille.

(Haut) *Le Gisant*, carte postale extraite de la série « Le Père-Lachaise historique » de Fernand Fleury, datée de 1900.
(Ci-contre) Gravure sur bois de fil (30,2 x 22,5 cm) représentant l'assassinat de Victor Noir par le prince Pierre Bonaparte à Auteuil, extraite de l'ouvrage *Un siècle d'histoire de France par l'estampe* (1938).

Louis, Louis, Louis, you're gonna cry

Lors de leur mariage en 1770, Marie-Antoinette et Louis XVI sont très jeunes – ils ont respectivement 14 et 15 ans. On comprend donc que lors de leur première rencontre charnelle en public (!) sous un ciel orageux (!!!), les tourtereaux ne soient pas potentiellement super à l'aise, malgré les conseils de papy Louis XV, qui encourage son petit-fils avant la nuit de noces. Pas en lui soufflant le fameux « Vas-y champion ! » mais presque... Tout concourt au fiasco. Figurez-vous que ce mariage ne sera pas consommé pendant sept ans : selon la rumeur, le jeune roi souffre d'une malformation génitale plutôt mal placée et, pour couronner le tout (si je puis dire), n'hésite pas à tâter du goulot, tandis qu'une différence de taille (littéralement), entre le membre royal et l'orifice de la jeune femme, rend le game assez douloureux pour les amoureux.
Une histoire bien mal engagée, si je puis dire...

Louis Michel Van Loo, *Portrait du dauphin Louis de France âgé de 15 ans* (1769), huile sur toile, 64 x 49 cm, château de Versailles (France).

Gays, gays, marions-les !

Ouvertement bisexuel, l'empereur Néron (37-68 ap. J.-C.) a épousé trois femmes, qu'il va maltraiter et/ou tuer : Octavie d'abord, ensuite sa maîtresse Poppée, à qui il offre d'ailleurs la tête d'Octavie mais qu'il va assassiner à son tour d'un coup de pied dans le ventre alors qu'elle est enceinte, puis Messaline, dont il finit par se lasser (elle l'aura au moins échappé belle, celle-là...). Néron convole également en justes noces avec trois hommes, dont le très jeune et très beau Sporus. Ce dernier lui rappelle sa chère Poppée (ah, nostalgie, quand tu nous tiens !). Alors, afin qu'il ressemble encore plus à l'épouse disparue, notre cher empereur n'hésite pas à castrer son mignon, à l'habiller en femme et le « genrer » au féminin. Par chance, Sporus survivra au cruel empereur après lui être resté fidèle jusqu'à la fin.
Autre favori de Néron qu'il épouse (et travestit) également : Pythagoras. Les deux tourtereaux paraderont bras dessus-bras dessous dans les rues de Rome.
Curieusement, Néron n'est pas devenu une icône LGBTQIA+ – comme Céline Dion ou Madonna. On se demande bien pourquoi...

Buste présumé de Poppée, à laquelle ressemblait, dit-on, Sporus, l'amant de l'empereur Néron, à droite (buste daté de 55-59 ap. J.-C., musée archéologique national de Cagliari).

Si vous êtes dans la panade, courez dans un champ d'avoine !

Au VIe siècle, la princesse germanique Radegonde se trouve dans une bien mauvaise position : elle doit épouser Clotaire, le fils de Clovis, roi des francs, dont elle est prisonnière avec son jeune frère... et n'en a pas du tout envie. Elle se réfugie alors dans la lecture, la prière et les soins destinés aux plus pauvres.
Selon la légende, lasse d'obéir aux désirs d'un homme qu'elle n'aime pas, avec lequel elle n'a pas d'enfants et qui, accessoirement, vient d'assassiner son frère, Radegonde s'enfuit. Sa fuite aurait été masquée par un champ d'avoine qui se serait mis à pousser d'un coup pour l'aider à fuir cette vie qu'elle exécrait.
Loin de son assassin de mari, Radegonde se retire dans l'abbaye de Sainte-Croix, à Poitiers, où elle se fera nonne jusqu'à la fin de sa vie. Mais rassurez-vous : elle connaîtra l'amour avec Fortunat, un jeune Italien... ainsi qu'avec une autre nonne. Tout est bien qui finit bien !

(Haut) Détail d'un vitrail de la basilique Sainte-Clotilde à Paris représentant sainte Radegonde, daté de 1854.
(Bas) Miniature représentant l'entrée de saint Radegonde au monastère de Poitiers, extraite de *Vie de sainte Radegonde*, manuscrit du XIe s.

LES DOSSIERS SECRETS DE L'ÉGLISE

Ah, il s'en passe de belles autour des autels… Guerres de religion, supplices, censures, excommunications – notre Sainte Mère l'Église n'a pas toujours brillé par sa clémence, faisant de la vie des croyants un vrai chemin de croix.

Le supplice qui laisse des traces

L'ordalie, qui étymologiquement signifie « supplice » (ça donne le ton), est une pratique antique et médiévale visant à prouver l'innocence ou la culpabilité d'un accusé. L'entité divine étant seule juge, on en arrive à des conclusions assez farfelues...
Si le prévenu, gavé d'hosties, n'arrive plus à en avaler, il est coupable. S'il est piqué par une aiguille et qu'il saigne (ce qui, disons-le, est fort probable), il est condamné. S'il est positionné debout, les bras à l'horizontale et qu'il les baisse trop vite, c'est mal barré pour lui. Si l'accusé ne résiste pas à la douleur causée par des barres de fer rougies tenues à mains nues, c'est foutu. S'il est jeté dans une rivière, lesté de poids, et qu'il se noie... là, il est innocent. Ah oui mais là du coup, il est mort. Logique.
Toutes ces épreuves ultra glauques ont tellement marqué les esprits qu'elles ont forgé des expressions passées dans le langage courant : « en mettre sa main au feu » ou « sa tête à couper », ou encore « baisser les bras »... Logique aussi.

Dirk Bouts, *La Justice d'Otton III – l'épreuve du feu* (1471-1473), huile sur panneau (323,5 x 182 cm), musée royal des Beaux-Arts de Belgique, Bruxelles.

Laissez parler le p'tit papier

En 2017, dans la petite église de Santa Águeda à Burgos en Espagne, lors de la restauration d'une vieille statue de Jésus, deux techniciens retrouvent un petit papier caché… dans le divin fessier. Après enquête, il s'avère que ce document a été rédigé par un prêtre du XVIIIe siècle, à l'attention des générations futures. L'homme d'église y décrit sa vie avec force détails afin que nous disposions d'informations historiques précises quant à l'époque durant laquelle il officie.
Un témoignage précieux certes, doublé d'une démarche incroyable, planqué dans le postérieur de Jésus. Les voies du Seigneur – et de ses serviteurs – sont réellement impénétrables…

La java du diable

L'accord du diable, vous connaissez ? C'est un accord de musique, appelé « triton » ou « quarte augmentée », qui produit un son assez spécifique, particulièrement dissonant aux oreilles des musiciens du Moyen Âge et capable d'invoquer le Malin. Cet accord est donc très vite déconseillé, taxé de satanique (pas très original) par l'Église.
Pourtant, le triton rend bien des services : certains compositeurs y ont recours pour symboliser le mal et la mort dans leurs œuvres – c'est le cas de Bach, par exemple, dans sa *Passion selon saint Jean*, qui annonce Judas au moyen de cet accord discordant, ou encore, de Saint-Saëns, dès l'ouverture de sa *Danse macabre*.
Amis fans de *Kaamelott*, ça ne vous rappelle pas une scène entre le père Blaise, le roi Arthur et Bohort ? Aujourd'hui le triton est souvent repris par les métalleux, comme le prouve l'intro de *Black Sabbath* du groupe éponyme. Accord hardcore, on est raccord !

Le Songe de Tartini, d'après Louis Léopold Boilly, lithographie.

Sacré-Cœur de Jésus, statue de plâtre polychrome, fin XIXe s.

L'abbé qui prend la mouche

Bernard, jeune Bourguignon, est nommé abbé de Clairvaux, dans l'Aube, en 1115. Au sein de sa communauté masculine, Bernard (de Clairvaux, donc) n'est quand même pas le plus fun des moines... Aliment préféré ? L'eau. Le vêtement qu'il aime porter ? Un cilice, une sorte de gros T-shirt en toile hyper rigide et rugueuse, qui fait souffrir celui qui s'en revêt.
Et rien ne doit faire sortir l'abbé Bernard de sa pieuse concentration. C'est pourquoi, lorsqu'une multitude de mouches envahit son monastère et bourdonne trop fort, Bernard décide... de les excommunier. Miracle, le lendemain, toutes les mouches ont clamsé. Plus efficace que du Raid.

Bernard de Clairvaux (v. 1450), vitrail (détail), musée de Cluny, Paris.

Gravure extraite de l'ouvrage *Histoire de la guerre de Flandre traduitte de Famianus Strada par P. du Ryer* (1644-1649), ainsi légendée « Sacrilèges que les hérétiques ont commis contre les images des saints dans l'église cathédrale d'Anvers, le 21 août 1566 ».

Bande de feignasses

N'avez-vous jamais remarqué que sur la façade de nombreuses cathédrales et églises françaises, les statues de saints et de personnages célèbres n'ont plus de tête ? C'est un témoignage direct des ravages des guerres de religion des années 1560, où catholiques et protestants se bouffaient méchamment le nez. Pour se venger des sales coups des cathos taxés d'« idolâtres », ces derniers décident de mener une action symbolique en décapitant les statues érigées sur leurs lieux de culte.
Un coup bas ? Certes... Car à bien y regarder, seules ont été vandalisées les sculptures placées à hauteur d'homme. Les autres, fixées hors d'atteinte, n'ont pas subi d'outrage, hormis celui du temps.
Conclusion : à l'époque aussi, on avait la flemme.

C'est l'Église qu'on mystifie !

Au XIIIe siècle, le bruit court qu'une femme se serait assise sur le trône papal en se faisant passer pour un homme… Mais l'usurpatrice est démasquée après une fausse couche en public. Pour éviter que l'incident ne se reproduise, le candidat à la direction de l'Église devra dorénavant prendre place sur une chaise percée afin de se soumettre à un examen – comment dire – physiologique, pratiqué par une personne chargée de vérifier que le nouveau pape est bien un homme (super comme métier…). Après quoi, un ecclésiastique annoncera – en latin, parce que c'est plus classe – que l'élu « en a deux, et bien pendantes ».
Alors, mythe ou réalité ? De sérieux doutes émergent au XVIIe siècle quant à la véracité de cette histoire. Mais moi, Dieu m'a donné la foi. Pas vous ?

Gravure du XVIIIe s. extraite de l'ouvrage *Histoire de la papesse Jeanne* de Friedrich Spanheim (1720).

Un égouttoir à cadavres…

Au Moyen Âge, il existait des putridarium (ou pourrissoirs, comme vous préférez). Placés dans les sous-sols des églises, ces sortes de chaises de pierre accueillaient des cadavres qu'on laissait se décomposer jusqu'à l'état de squelette. Un petit bac sous l'assise recueillait chairs et fluides corporels avant qu'il soit procédé à la toilette mortuaire. Étape suivante : l'exposition dans les catacombes.
Ça n'a pas toujours senti l'encens dans les églises…

Les putridarium du cimetière souterrain des Clarisses situé dans l'enceinte du château aragonais d'Ischia (Italie).

L'amour flou

Le roi Charles IX (1550-1574) est fou amoureux de la jeune Marie Touchet (dont l'anagramme est « je charme tout »). Problème : dans la France de la fin du XIVe siècle, on est en pleine guerre de religion. Lui est catholique, elle est protestante – pas la peine de vous faire un dessin... La mère du roi, Catherine de Médicis, s'oppose donc à cette union et marie son fils avec une autre femme, Élisabeth d'Autriche, qu'il n'aime pas. En ces temps-là, les mariages d'amour n'ont pas la cote...
En août 1572, c'est la Saint-Barthélemy. Les catholiques massacrent les protestants et le pays est à feu et à sang. Dans un tel contexte, Charles IX, tiraillé entre sa fidélité à sa religion et celle qu'il porte à son amour, sombre alors réellement dans la folie... et meurt à 23 ans. Marie, elle, vivra jusqu'à 89 ans.

Raymond Quinsac Monvoisin, *La Mort de Charles IX* (1834), huile sur toile (232 x 291 cm), musée Fabre, Montpellier.

Bonnes à enfermer

Situé dans l'actuel quartier des Halles à Paris (plus exactement sur la place Joachim-du-Bellay), le cimetière des Saints-Innocents (du nom de l'église sise au nord-est du lieu), aujourd'hui disparu, était très fréquenté dans les années 1350 : simples badauds, commerçants ou couples d'amoureux en empruntaient les allées jour et nuit.
On trouvait, accolées à l'église, d'étranges petites chapelles – des reclusoirs, en réalité de minuscules prisons abritant des femmes, emmurées vivantes, souvent de leur propre volonté.

Laissées au contact de leurs propres déjections, les malheureuses finissaient par sombrer dans la folie (enfin, elles devaient quand même être bien abîmées à la base) mais survivaient grâce à la bonté des passants qui leur offraient du pain et de l'eau. Parmi celles-ci, on a retenu le nom d'Alix la Burgotte, une religieuse emmurée volontairement dans les années 1420 pendant... 46 ans. Et on se trouve à l'étroit dans nos chambres de bonne...

Le Cimetière des Innocents, 1550, illustration extraite de l'ouvrage *Paris à travers les âges* (1875).

Des Madeleines pénitentes

Au XVIIIe siècle en Irlande, les portes de plusieurs couvents de la Madeleine s'ouvrent pour les *fallen women*, filles-mères et femmes « déchues » célibataires ayant perdu leur vertu et leur lucidité parfois lors d'agressions, ou adolescentes rétives à l'autorité familiale.
Contraintes de travailler sous les instructions des nonnes, les 30 000 femmes ayant « séjourné » au couvent de 1758 à 1996, sur la volonté de leurs proches, doivent, chaque jour et sans relâche, laver dans le silence le plus total vêtements et linge de maison en signe de repentance. Aux yeux de leurs « matonnes », les pécheresses œuvrent pour le salut de leur âme, comme Marie Madeleine s'est purifiée en lavant les pieds de Jésus.

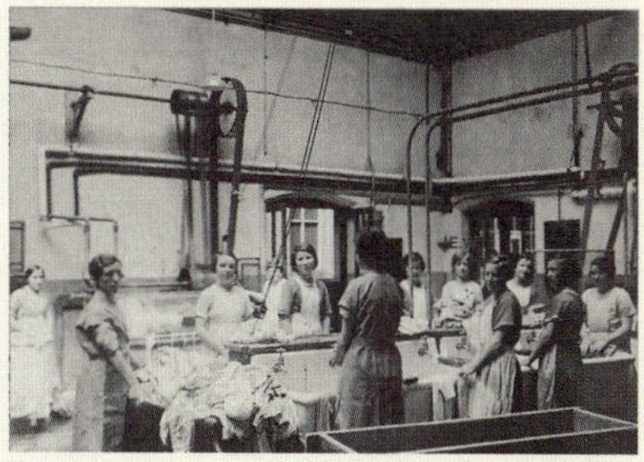

Enfermées et parfois maltraitées par les religieuses, la plupart des blanchisseuses seront finalement libérées au cours du XXe siècle, grâce aux langues qui se délient... et à l'apparition de la machine à laver.
Merci Whirlpool.

Photographie de l'intérieur d'un couvent de la Madeleine, datée des années 1930.

Cold case

En 897, à Rome, se déroule un procès hors du commun : celui de l'ancien pape Formose, mort depuis des mois, accusé d'avoir usurpé le trône papal après quelques magouilles politiques. Une forme de procès par coutumace alors ? Que nenni ! Le cadavre du pape est bien présent, habillé de ses vêtements de cérémonie, juché sur une chaise et flanqué d'un avocat (bien vivant, lui).
Ce « concile cadavérique », organisé par le nouveau pape Étienne VI et l'empereur d'Occident Lambert de Spolète, est une vaste mascarade. Évidemment, Formose perd son procès. Le cadavre est alors déshabillé, privé de trois de ses doigts, enterré dans une tombe ordinaire... puis déterré et jeté dans le Tibre.
Mais le peuple de Rome, choqué par l'indécence qui entoure toute cette affaire, destitue Étienne VI, le jette en prison où il meurt étranglé... sans autre forme de procès.

Jean-Paul Laurens, *Le Pape Formose et le Pape Étienne IV* (1870), huile sur toile (100 x 152 cm), musée des Beaux-Arts, Nantes.

SALE KARMA

Parfois, la vie peut sembler bien injuste. Mon conseil ? Jetez donc un œil à ce qui suit ! Les revers de fortune n'ont guère épargné les puissants et les célébrités, méchamment éprouvés par les massacres, les emprisonnements arbitraires, les condamnations à mort, les calomnies ou les coups du sort. Lisez, ça aide à relativiser.

Ella, elle l'a...

Sœur aînée de la dernière tsarine de Russie, Alexandra Fiodorovna Romanova, Élisabeth Fiodorovna (dite « Ella ») a épousé le grand-duc Serge Alexandrovitch de Russie, l'oncle de Nicolas II (vous suivez ?). Au tournant du XXe siècle, l'homme, tenu pour un politique réactionnaire, est la cible d'attaques révolutionnaires culminant lors d'un attentat, le 15 février 1905, où le poète Kaliaïev dépose une bombe dans sa voiture. Le corps du grand-duc explose en mille morceaux – littéralement. Élisabeth accourt et se jette sur la scène du crime pour rassembler les restes de son mari, éparpillé façon puzzle. Déjà, ça plante le décor. Traumatisée, elle se retire ensuite au couvent, vend tous ses biens et prodigue des soins aux soldats blessés de la Première Guerre mondiale.
Mais la révolution russe de 1917 gronde : prisonnière des bolcheviks, elle est amenée, en compagnie d'autres dignitaires de l'empire, au bord d'un immense puits de mine dans lequel elle est précipitée. Pour s'assurer qu'aucun condamné ne survive, leurs bourreaux les achèvent à coups de balles, de jets de pierres et de grenades... La grande-duchesse, toujours vivante, entonne alors des chants religieux. Cette voix, tout droit sorti du puits de mine, hantera longtemps les témoins de ce tableau macabre.

Photographie de la grande-duchesse Élisabeth Fiodorovna, princesse de Hesse-Darmstadt, datée de 1905, quelque temps avant son entrée au couvent.

Couru d'avance

En 1770, le dauphin Louis, petit-fils du roi Louis XV, épouse une certaine Marie-Antoinette d'Autriche. Pour célébrer cette jolie union, un feu d'artifice est tiré à Paris sur l'actuelle place de la Concorde, et tout le monde veut assister au spectacle. Vraiment tout le monde.
Après le bouquet final, la foule se presse vers la seule sortie possible de la place. Résultat : des centaines de corps piétinés, étouffés et brisés par les piétons et les carrosses. Trois chevaux périront également dans l'histoire.
Comble de malchance : c'est sur cette même place qu'une vingtaine d'années plus tard, le couple royal montera en 1793 les marches de l'échafaud.

Gravure en couleur représentant le feu d'artifice concluant le mariage de Louis XVI et Marie-Antoinette, le 16 mai 1770.

De Charybde en Scylla

Le Vert-Galant aimait les jeunes pousses. En l'an de grâce 1609, notre bon roi Henri IV (1553-1610) rencontre Charlotte de Montmorency, au service de la reine Marie de Médicis, qui répète un ballet. Il en tombe de suite fou amoureux... alors que la petite n'a que 14 ans – lui en a 55. Histoire de se la garder sous le coude, il la fait épouser par un prince (pas forcément plus jeune) qui préférait les hommes. Bonne stratégie ? Pas du tout : le mari jaloux enferme Charlotte à double tour pour l'éloigner du roi, qui sera assassiné un an plus tard.
La petite Charlotte a donc échappé à un prédateur pour tomber dans les bras d'un autre. On adore.

Charlotte de Montmorency, gravure de 1840.

Manque de Poe

Edgar Allan Poe, poète et romancier américain (1809-1849), est souvent considéré comme le père du roman policier. Et sa vie a tout d'un thriller !
Fils d'un père alcoolique, le jeune Edgar n'est pas ce qu'on appelle un enfant de chœur et fugue régulièrement du domicile familial. On le comprend un peu en même temps : il a 3 ans lorsque sa mère dont il est très proche décède (à l'âge de 24 ans !), et se retrouve seul entre une belle-mère malade et un père ruiné – et infidèle, pour compléter le tableau. Pour fuir cette triste atmosphère, Poe épouse secrètement sa cousine germaine. Il a 26 ans, elle en a 13. Déjà, ça part mal… mais ça se corse lorsque la jeune mariée est emportée par une probable tuberculose quelques années plus tard.
Reporter, chroniqueur, journaliste, il quitte ces différents emplois à la suite de crises d'alcoolisme, multiplie les tentatives de suicide, souffre d'une paralysie du visage et finit par s'éteindre en 1849, à 40 ans. Les raisons de son trépas, peut-être causé par l'abus d'alcool et de drogues, ou la maladie (rage ou choléra), alimentent bon nombre d'hypothèses. Ses funérailles n'attireront qu'une poignée de personnes… Son œuvre, hantée par la mort, l'effroi, l'obsession de la décadence, traversée de passages hallucinatoires, le pose en précurseur américain du romantisme noir.
Peut-être que si SOS Amitié avait existé à l'époque…

Photographie d'Edgar Allan Poe, datée de 1849, année de la mort de l'écrivain.

Nom de nom !

Peintre de métier, Hubert Robert (1733-1808) se lie d'amitié avec Marie-Antoinette, pour laquelle il signe plusieurs toiles exposées au Trianon. Mais le vent tourne et lorsqu'éclate la Révolution, sa relation avec l'Autrichienne lui vaut d'être déclaré « suspect », et en tant que tel, d'être incarcéré à la prison de Sainte-Pélagie en 1793, à Saint-Lazare en 1794. La mort de Robespierre lui vaut d'être libéré. Mais celui que l'on nommera « le peintre des ruines » échappe miraculeusement à la guillotine – un homme portant le même nom que lui aurait été condamné à sa place. D'autres artistes n'auront pas cette chance, comme Claude-Louis Châtelet ou André Chénier.

Hubert Robert, *Le Ravitaillement des prisonniers à la prison de Saint-Lazare* (1794), huile sur toile (40,5 x 30,5 cm), musée Carnavalet, Paris.

Louis-Félix Amiel, *Pépin III, roi de France (714-768), dit Pépin le Bref* (v. 1837), huile sur toile (90 x 72 cm), châteaux de Versailles et de Trianon.

Un p'tit nom, c'est pas toujours mignon

Les rois de France n'ont pas toujours eu la belle vie. À commencer par ces surnoms dont nos souverains ont été affublés : Clodion « le Chevelu » (390-v.450), Louis II « le Bègue » (846-879), Clotaire Ier « le Vieux (498-561) ou Charles VI « le Fol » (1368-1422).
Le pourquoi de cette tradition, pas toujours flatteuse pour l'ego, le voici : beaucoup de Louis ou de Charles se sont succédé au sein des différentes dynasties. Alors en plus d'un numéro, on leur a attribué un surnom pour ne pas les confondre. Ainsi, Charles II (823-877) devient Charles II « le Chauve » et son neveu, Charles III (839-888), passera à la postérité sous le sobriquet « le Gros ». « Le Chauve », « le Bref » ou « le Fainéant », ça peut faire rire. Mais attention, ces qualificatifs n'ont pas tout à fait la même signification que celle que leur nous connaissons aujourd'hui. Certes basés sur des attributs physiques, les petits noms des rois étaient surtout symboliques : ainsi être « chevelu » était un symbole de puissance, être « bref » – petit, donc – n'était pas forcément péjoratif, et être surnommé « le Chauve » attestait de l'engagement religieux du souverain. D'ailleurs, Charles II n'était pas chauve. Juste un peu dégarni.

Si j'avais un marteau…

À la fin du XVIIIe siècle, la Bastille, ancien ouvrage défensif érigé au mitan du XIVe siècle et transformée en prison environ cent ans plus tard, ne sert plus franchement à grand-chose. Alors que son arrière-arrière-arrière-grand-père, Louis XIV, y a envoyé croupir quelque 2 320 malheureux, Louis XVI n'y a fait emprisonner que 306 personnes.
Du coup, en 1783, il envisage de la détruire. Ouais, vous avez bien lu. Mais faute de moyens, le projet est remis aux calendes grecques… et puis… flemme… Jusqu'à ce fameux 14 juillet 1789 où, sous l'assaut des révolutionnaires parisiens, le symbole de l'absolutisme livrera… 7 prisonniers. Moralité : ne jamais remettre au lendemain ce que tu peux faire bien avant !

Prise de la Bastille et arrestation de son gouverneur, M. de Launay, le 14 juillet 1789 (1789), huile sur toile (58 x 73 cm), château de Versailles.

« Anne, ma sœur Anne, ne vois-tu rien venir ? »

C'est en plein cœur du XVIe siècle, en Angleterre, qu'Anne Boleyn rencontre le roi Henri VIII. Tous les deux respectivement en couple, ils tombent néanmoins amoureux et réussissent à s'unir après avoir fait annuler leurs mariages. L'histoire aurait pu être jolie mais Henri est un infidèle notoire, ce qui fait souffrir Anne, qui n'arrive pas à lui donner d'héritier mâle, ce qui offense Henri. Bref, la love story se transforme en un gros cercle vicieux. Le temps passe et Anne s'attire la haine du peuple anglais et des ministres du roi, qui cherchent à se débarrasser d'elle. Tous les moyens sont bons : on lui invente des amants et elle est arrêtée pour adultère, trahison et inceste – rien que ça ! Elle a beau nier et se défendre, peine perdue, elle est condamnée à mort et c'est au roi de choisir : bûcher ou décapitation ? Dans sa grande bonté, Henri lui autorise la décapitation, moins douloureuse.
Le jour de son supplice, le bourreau est en retard. L'exécution est donc suspendue et la malheureuse est inquiète : le bourreau sera-t-il assez habile pour lui trancher le cou qu'elle a fort petit ? L'exécuteur des hautes œuvres arrive enfin et c'est à la française qu'Anne Boleyn est décapitée : à genoux, par l'épée, les yeux bandés. Ses dernières paroles sont pour le roi Henri, qu'elle décrit comme « doux et clément ». Pourtant, son corps (et sa tête !) sont enfermés vite fait dans une caisse : pas de pitié pour les traîtres à la cour d'Angleterre.
Aujourd'hui, les spécialistes s'accordent sur un point : la mère d'Élisabeth Ire était bien innocente de ces accusations. L'histoire raconte qu'elle aurait ému l'assistance et que même son bourreau aurait fait en sorte de lui trancher le cou par surprise. La délicatesse faite homme.

Édouard Cibot, *Anne Boleyn à la tour de Londres* (1835), huile sur toile, musée Rolin, Autun.

Préparez vos mouchoirs

Attila, redoutable et invincible guerrier, est le chef des Huns, peuple barbare d'origine mongole qui ravage ce qui reste de l'empire romain lors des « grandes invasions » au cours du Vᵉ siècle ap. J.-C. Malgré de nombreux succès sur les champs de bataille, l'homme finira sa vie d'une bien étrange façon : lors de sa nuit de noces, il saigne abondamment du nez et s'étouffe dans son propre sang. Il est tout de suite enterré dans le plus grand secret. Les esclaves qui ont creusé sa tombe sont tués illico pour ne pas dévoiler l'endroit de sa sépulture. Il faut croire que le secret a été bien gardé puisqu'aujourd'hui encore, personne ne sait vraiment où se trouve la tombe d'Attila. En même temps, vous comptiez déposer une gerbe à la mémoire du « fléau de Dieu » ? Moi non...

(Haut) Eugène Delacroix, *Attila suivi de ses hordes barbares* (détail, 1843-47), peinture murale, Assemblée nationale, Paris.
(Bas) Ferenc Paczka, *La Mort d'Attila*, huile sur toile (21,3 x 16,8 cm).

Mais qu'est-ce qu'il a fait au Bon Dieu ?

Fils d'un roi irlandais, saint Fiacre (610-670) est en son temps un célèbre guérisseur grâce à sa connaissance des plantes et de leurs pouvoirs médicinaux. Ayant accompli plusieurs miracles de son vivant, après sa mort il devient saint patron des jardiniers, des cochers, puis, bien plus tard, des chauffeurs de taxi. Mais il est aussi invoqué en cas... d'hémorroïdes, également appelées « le mal de saint-Fiacre ». Louis XIV et sa fameuse fistule lui doivent d'ailleurs une fière chandelle...
Voilà. Il y a des saints patrons des orphelins ou des guerriers, et d'autres qui sont saints patrons des hémorroïdes. On ne choisit pas, c'est comme ça...

Gravure représentant saint Fiacre.

Les étoiles ne mentent jamais

Catherine de Médicis (1519-1589) est fascinée par l'astrologie. Aussi, lorsque Ruggieri, l'un de ses astrologues, lui prédit qu'elle mourrait près de Saint-Germain, la souveraine n'aura de cesse d'éviter les lieux ainsi baptisés : églises, patelins, grandes villes... Elle aurait même interrompu la construction du palais des Tuileries situé près de l'église de Saint-Germain-l'Auxerrois à Paris. Au crépuscule de sa vie, malade, Catherine de Médicis reçoit l'extrême-onction d'un nouveau prêtre avant de rendre l'âme. Le nom du confesseur ? Julien... de Saint-Germain.

Richard Bong, *Catherine de Médicis et son astrologue Côme Ruggieri*, gravure.

Frappé avant d'entrer

Encore une mort absurde – qui n'est pas sans évoquer celle de Charles VIII, (1470-1498) décédé après s'être méchamment cogné la tête contre le linteau d'une porte du château d'Amboise ! Sauf que, à la différence de celle du mari d'Anne de Bretagne, la mort du roi des Francs Louis III intervient en 882 dans un contexte un peu différent. S'il s'étale lui aussi contre le linteau d'une porte trop basse, précisons tout de même que le jeune monarque était lancé à cheval à la poursuite d'une jeune fille, laquelle courait se réfugier dans la maison de son père. Quelle idée aussi...

Jean Fouquet, *La Victoire de Louis III et Carloman II sur les Vikings en 879*, miniature extraite d'un manuscrit des *Grandes Chroniques de France* (v. 1455-1460).

Quand Margot dégrafait son corsage...

Nymphomane de réputation, Marguerite de France (1553-1615) a, il est vrai, collectionné les amants. De là à dire qu'elle est malade, c'est un peu exagéré. Mais les exagérations, ça connaît le Français du XVIe siècle, qui n'hésite pas à lancer des rumeurs toutes plus folles les unes que les autres, et profite de l'essor de l'imprimerie pour imprimer des libelles bien croustillants. Dans le contexte des guerres de religion où tout le monde tape sur tout le monde, Marguerite fait les frais de ce mauvais esprit gaulois.

Si les historiens s'entendent pour nous rapporter que, dès sa puberté, sa mère (Catherine de Médicis) lui fait boire du jus d'oseille (beurk !) pour calmer ses ardeurs, il se murmure ensuite qu'elle prend ses propres frères pour amants (Charles IX dira même que « le gentil cul de [sa] grosse Margot était unique au monde » !) avant de s'attacher de façon très démonstrative à son cousin Henri de Guise (ah si les murs du Louvre pouvaient parler...). Pour des raisons politiques – il s'agit de montrer que la couronne est bien disposée à l'égard du parti protestant, elle doit renoncer à son amoureux pour épouser Henri III de Navarre, futur Henri IV. L'infertilité de cette union, alliée aux divergences d'opinion du couple royal, auront raison de ce mariage. Et Margot s'en retournera papillonner... en attendant que les hommes ne rendent justice à la pertinence de ses idées et à la valeur de son influence sur les arts de son temps.

Scipione Vannutelli, *Portrait de Marguerite de France* (1862), huile sur toile, Civiche raccolte d'arte museo dell'ottocento, Milan.

Le tragique destin d'Axel de Fersen

Dans les années 1770, Axel de Fersen, jeune et beau comte suédois, fait sensation à la cour de France – notamment auprès de la reine, Marie-Antoinette. C'est le coup de foudre. Ils entretiendront tous deux une correspondance cryptée, chiffrée, écrite au jus de citron ou entièrement barrée, où transparaît l'amour fou qu'ils éprouvent l'un pour l'autre. En pleine Révolution, Fersen va même tenter à plusieurs reprises de faire fuir la famille royale hors de France puis, après l'exécution de Louis XVI, de sauver sa bien-aimée. Tout cela en vain... Cette malheureuse histoire aurait pu en rester là – mais non.
Axel de Fersen rentre alors en Suède après l'assassinat de son roi, Gustave III (1746-1792). L'ancien favori du roi tombe en disgrâce. Ruiné (il a prêté beaucoup d'argent à Louis XVI et Marie-Antoinette – en pure perte), il finit par être soupçonné de l'empoisonnement en 1810 de l'héritier à la Couronne, Charles-Auguste de Schleswig-Holstein-Sonderbourg-Augustenbourg (à vos souhaits !). Pris à partie par la foule lors de l'enterrement du prince, le beau Fersen meurt lapidé et piétiné... sans que personne – pas même ses camarades de régiment – ne bouge le petit doigt.
Fin du beau Fersen. C'est moche.

Gravure représentant le lynchage d'Axel de Fersen par la foule à Stockholm, le 20 juin 1810.

De l'intérêt de parler la langue de Goethe

Le 18 avril 1955, Albert Einstein fait une rupture d'anévrisme et meurt à l'hôpital de Princeton (New Jersey, États-Unis) à l'âge de 76 ans. Ses derniers mots, prononcés en allemand, sont recueillis par l'infirmière de veille. Sauf que cette infirmière, hélas, ne parle pas du tout allemand... et l'on ne saura jamais quels furent les ultimes paroles de l'un des plus grands savants du XXe siècle.
Si ça se trouve, il a dit un truc fondamental, du genre : « Le lait, c'est après les céréales, et pas l'inverse. »

Photographie d'Albert Einstein âgé de cinq ans, datée de 1884.

Encore une triste histoire...

Depuis l'Italie où l'ont menée ses multiples idylles, la liégeoise Anne-Josèphe Théroigne de Méricourt s'enflamme pour la Révolution, voyant dans les prémisses des soulèvements de 1789 l'opportunité pour les femmes de s'émanciper du joug d'une société patriarcale. Ni une ni deux, la jeune femme débarque à Paris au mois de juin. Happée par les discours de l'Assemblée, elle tient salons et clubs révolutionnaires.
Mais au bout de quelques mois, ses virulentes idées lui valent les foudres de beaucoup d'hommes, qu'ils soient royalistes ou sans-culottes. La voilà bientôt victime d'une odieuse campagne de diffamation à travers la presse : certains articles de journaux stipulent qu'elle participe à des massacres... Arrêtée en février 1791, elle est enfermée au château de Kufstein, en Autriche, puis libérée neuf mois plus tard. Son retour à Paris ne soulève pas l'enthousiasme de ses pairs. « Théroigne » milite en faveur de la guerre et ce n'est pas du goût de tout le monde. Même ses consœurs républicaines se retournent contre elle : traitée de « catin du peuple », Théroigne de Méricourt se retrouve fessée publiquement par les Tricoteuses, ces femmes du peuple qui assistaient aux séances des assemblées révolutionnaires. Certainement traumatisée par cette humiliation, notre malheureuse pasionaria est internée par son propre frère (certains pensent d'ailleurs qu'il voulait simplement hériter de ses biens) et finit ses jours, après 23 années de réclusion, dans une salle de l'hôpital de la Salpêtrière en 1817.

Théroigne de Méricourt (1789), huile sur toile, musée Carnavalet.

Qui s'y frotte, s'y pique !

Selon la légende, au XIIIe siècle, les Vikings, en pleine invasion de l'Écosse, ont une idée de génie au moment de la bataille de Largs : pour surprendre les Écossais, ils progressent de nuit pieds nus afin que les armées adverses ne les entendent pas approcher. Or, dans l'obscurité, l'un des guerriers vikings marche sur un chardon, cette petite plante toute ronde et piquante. Ses cris de douleur sortent les Écossais du sommeil, et la riposte ne se fait pas attendre : les envahisseurs finissent par plier bagage.
C'est ainsi que le chardon est devenu l'emblème de l'Écosse.

Lully frappe un grand coup !

Jean-Baptiste Lully (1632-1687) restera le plus grand compositeur baroque du XVIIe siècle. Pas mal pour un gamin dont la laideur le cantonnera longtemps, loin des projos, aux arrière-cuisines...
Carriériste et intrigant, Lully entre dans les bonnes grâces de Louis XIV et obtient les postes de compositeur de la chambre et surintendant de la musique royale – excusez du peu. Mais le Roi-Soleil désapprouve sa bisexualité et bientôt, c'est la disgrâce.
Mais l'occasion de revenir en cour se profile au moment où le souverain est guéri de sa fameuse fistule anale. Car nul autre que Lully n'est mieux placé pour diriger le *Te Deum* (qu'il a d'ailleurs composé) qui sera joué pour célébrer l'événement. Les 150 musiciens sont là, JB a la pression et, sous le coup du stress, croyant frapper le sol de son bâton de mesure, s'écrabouille les orteils. Blessé, il refusera l'amputation et son pied s'infectera jusqu'à ce que mort s'ensuive, quelques semaines plus tard.
Tout ça pour avoir tapé, tapé, tapé ce refrain qui lui plaît ?

Nicolas Mignard, *Jean-Baptiste Lully* (XVIIe s.), huile sur toile (56 x 66 cm), musée Condé, Chantilly.

Gravure anglaise du XIXe s. représentant le chevalier d'Éon.

Garçon, fille… le choix du roi

Espion au service de Louis XV depuis 1755, Charles-Geneviève-Louis-Auguste-André-Timothée-Robert-Pierre d'Éon de Beaumont (un problème d'identité ? on veut bien le croire avec tous ces prénoms…), autrement appelé le « chevalier d'Éon », est insaisissable. Et c'est bien ce qui fait son succès : allez donc coincer un agent double, très très double, quand vous ignorez s'il s'agit d'un homme ou d'une femme…

Malgré un beau palmarès sur le plan diplomatique (signature d'une alliance franco-russe, traité de Paris avec l'Angleterre en 1763…), l'homme finit par lasser – il est surtout en possession d'une lettre du roi faisant état d'un projet de débarquement sur les terres de George II. En ces temps de paix fragile, il ne faudrait pas que la missive tombe entre de mauvaises mains. Et d'Éon, qui mène grand train, voit dans la mise en place d'un petit chantage, l'occasion d'arrondir ses fins de mois. Si l'affaire finit par se régler à l'amiable, le nouveau roi de France, Louis XVI, ne peut décidément pas sentir cet ancien serviteur de la cour. L'obligeant alors à ne porter plus que des vêtements féminins, il précipite le déclin de l'ancien espion, qui finit ses jours en Angleterre, seul et désargenté en 1810, après que les révolutionnaires lui ont confisqué ses biens sur le sol français.

Au chevalier d'Éon, la France bien peu reconnaissante…

R.I.P.

En plein cœur du XVIIIe siècle, deux figures intellectuelles françaises se font la guerre : Rousseau et Voltaire.

Tout oppose les deux philosophes - à commencer par leurs origines : Voltaire, pur produit de la bourgeoisie d'Ancien régime, s'accommode, tout en la critiquant, d'une société dirigée par l'aristocratie, tandis que Rousseau, élevé plus modestement, tire à boulets rouges sur ce vieux monde décadent.

Le conflit, et les insultes qui fusent entre ces deux compères, sont de notoriété publique. Pourtant, morts à deux mois d'intervalle en 1778, les dépouilles des deux frères ennemis sont placées face à face au Panthéon. Rousseau a donc une vue plongeante sur le tombeau de son rival (partiellement incomplet puisqu'il manque à Voltaire une dent, un pied, son cœur et son cerveau)… pour l'éternité.

Le Génie de Voltaire et de Rousseau les mène au temple *de la gloire et de l'immortalité*, gravure, collection privée.

L'amie de mon ennemie est..

La princesse de Lamballe est l'amie intime de la reine Marie-Antoinette et c'est bien le problème : lorsque la Révolution éclate, l'Autrichienne n'est pas super bien vue par le peuple, et ses amies... c'est dans le même panier. En août 1792, la famille royale est enfermée au Temple, l'une des prisons parisiennes, et la loyale madame de Lamballe se retrouve incarcérée à La Force. Là-bas, elle est tirée de sa cellule pour subir un interrogatoire. C'est lors de cet interrogatoire – improvisé – qu'elle est massacrée (dénudée, décapitée, mutilée, les entrailles arrachées... on raconte même que ses poils pubiens auraient servi de moustache à l'un de ses assaillants) par le peuple en pleine rue. Sa tête, plantée au bout d'une pique, est fièrement promenée à travers la capitale jusqu'à la tour du Temple, où croupit la reine, qui s'évanouit face à cette vision d'horreur. Le corps (ou ce qu'il en reste) de cette fidèle parmi les fidèles n'a jamais été retrouvé.

Gravure extraite de l'ouvrage *Les Mystères de la franc-maçonnerie dévoilés* (1885) de Léo Taxil, représentant le lynchage de la princesse de Lamballe le 3 septembre 1792.

MONSTRES & CIE

Mesdames et messieurs, bienvenue dans ce théâtre de l'étrange où grands criminels et monstres gentils, psychopathes et phénomènes de foire nous jouent une bien effrayante comédie des horreurs. Âmes sensibles, passez votre chemin !

Gravure représentant Tarrare, ainsi légendée : « Le polyphage Jacques de Falaise ».

Mieux vaut l'avoir en photo qu'en pension !

Tarrare, 17 ans, 45 kg, bouffe comme quinze. Littéralement. Dans les années 1780, ses parents le chassent à cause de son appétit démesuré. Il erre alors le long des rues à la recherche de nourriture lorsqu'il croise une bande de voleurs et de charlatans, qui font de lui une bête de foire, avalant des pierres devant un public hilare, gobant des fruits entiers ou des animaux vivants comme des chiots, des serpents et des anguilles. Un repas pantagruélique lui est servi – dont il ne reste pas une miette ! Devenu un cas d'école pour la médecine, il subit une myriade de traitements qui n'auront aucun effet sur lui. Accusé d'avoir mangé un enfant en bas âge à l'hôpital, il doit s'enfuir avant de tomber malade de la tuberculose. Il meurt des suites d'une longue diarrhée à environ 26 ans. Faim de l'histoire.

Sang pour sang barrée

L'une des plus célèbres tueuses en série n'est autre qu'Élisabeth Báthory, une comtesse hongroise ayant vécu au XVIe siècle. Les témoignages de l'époque sont accablants et à l'issue de son procès, l'aristocrate est condamnée à être emmurée dans son château.
De quoi fut-elle accusée ? D'avoir fait enlever des jeunes filles vierges des environs de Čachtice, de les avoir séquestrées dans les bas-fonds de son repaire et de les avoir saignées à mort afin de se baigner dans leur sang. Pour rajeunir sa peau, paraît-il... Rien que ça.
En ce temps-là, on rigolait pas avec les soins anti-rides.

Portrait présumé d'Élisabeth Báthory, dite « la comtesse sanglante ».

Adolf, bourreau des cœurs

Dans les années 1930, Adolf Hitler, comme la plupart des dictateurs, faisait l'objet d'un véritable culte. Et croyez-le ou non, il faisait tourner les têtes des jeunes filles. J'en veux pour preuve les dizaines de milliers de lettres (on en a compté 12 000 entre 1934 et 1941) qui lui furent adressées. L'une de ces admiratrices énamourées lui envoya même du miel après l'avoir entendu à la radio et trouvé qu'il avait la voix enrouée ! Drôle d'époque...

Affiche électorale du NSDAP de 1932, invitant les Allemandes à voter pour Hitler.

À fuir comme la... lèpre

Dans les années 1320, en Europe, la lèpre, maladie prétendument contagieuse, terrorise les habitants des villes. C'est ainsi que les lépreux, considérés comme des monstres (avouons que leur aspect effrayant – plaques et lésions cutanées, membres parfois amputés, y est pour beaucoup), doivent arborer des clochettes ou faire du bruit à l'aide d'instruments de musique quand ils déambulent au milieu des rues, pour que tout le monde ait le temps de s'écarter sur leur passage.
Aujourd'hui, on fuirait plutôt les démarcheurs de rue. *O tempora, o mores...*

Gravure du XVIe s. (14,3 x 10,1 cm), d'après Jérôme Bosch, ainsi légendée « le suy le poure Diable ».

Portrait de Vlad III l'empaleur (1560), château d'Ambras, Autriche.

On ne meurt qu'une fois. Ah bon ?

Vlad Drakulya (1429 ou 1431-1476), joliment surnommé « Vlad III l'Empaleur », est un sympathique prince roumain du XVᵉ siècle. Son truc à lui, c'est d'empaler les prisonniers de guerre et condamnés à mort tout autour de son château. On raconte même qu'il prend son petit goûter à l'ombre de sa forêt de suppliciés. Dracula (« fils du diable » en roumain) règne sur son pays, la Valachie, pendant quelques années jusqu'à ce qu'il soit trahi par son propre frère. Piégé, arrêté et enfermé, il est dépeint comme un monstre et sa cruauté est exagérée par ceux qui ont usurpé sa place dans le but de légitimer la leur. Ainsi s'assombrit encore la légende noire de Vlad Tepes, le buveur de sang. Lequel, après s'être évadé de sa prison, récupère son trône et trouve la mort sur un champ de bataille. Son corps est alors décapité tandis que la peau de son visage et son scalp, conservés grâce à un mélange d'épices et rembourrés de coton, sont envoyés au sultan ottoman Mehmet II, avec lequel il était en bisbille depuis quelque temps.

Plus de 400 ans plus tard, l'écrivain britannique Bram Stoker commence à écrire un bouquin dont le héros est un vampire. Mais voilà qu'un jour pluvieux (en Angleterre, c'est fréquent...), il tombe sur une archive racontant les faits d'armes et la politique sanguinaires d'un certain Vlad Drakulya. Vlad renaît ainsi sous la plume de Bram Stoker avant que Van Helsing ne lui coupe la tête et lui poignarde le cœur. C'était bien la peine, tiens...

Un destin au poil !

Pedro Gonzales est un bébé bien étrange : il naît à Tenerife en 1537, affligé d'une hypertrichose, une maladie caractérisée par un développement anormal du système pileux sur le corps (bon ça... ça va) et le visage (ah oui...). En grandissant, Pedro devient une bête de foire. Il est vendu à l'âge de 10 ans au roi de France Henri II, qui le trouve super drôle. L'histoire prend une heureuse tournure puisque Pedro bénéficie de la protection royale et se voit offrir une excellente éducation grâce à laquelle il deviendra l'un des lettrés les plus influents de Paris. C'est aussi en France qu'il rencontre Catherine, une belle jeune femme dont il tombe éperdument amoureux. Ils se marient et ont beaucoup d'enfants, d'ailleurs.

Ça ne vous rappelle rien, ça ? Un mec tout poilu, hyper intelligent, amoureux des livres, qui s'amourache d'une jeune beauté ? Le conte de madame d'Aulnoy, *La Belle et la Bête*, bien sûr !

Joris Hoefnagel, *Pedro Gonzales et son épouse Catherine*, illustration (aquarelle et gouache sur vélin, 14,3 x 18,4 cm) extraite de l'ouvrage *Animalia Rationalia et Insecta (Ignis)*, daté de 1575-1580.

Un diable d'homme

Grigori Raspoutine (1869-1916), guérisseur, ami et conseiller de la famille du dernier tsar de Russie, Nicolas II, est l'objet de toutes les jalousies. L'entourage des Romanov, qui tient le fanatique pour un imposteur, s'inquiète de l'influence qu'il exerce sur le pouvoir royal alors que la Russie se prépare à entrer dans la Première Guerre mondiale. Et projette rien moins que de l'éliminer. Raspoutine est un ivrogne notoire. Il ne résistera donc pas aux libations que lui offrent le prince Ioussoupov et ses acolytes dans la nuit du 16 au 17 décembre 1916, arrosées de vin empoisonné au cyanure. Raspoutine s'en met plein le gosier mais à la grande stupeur des comploteurs, le poison n'a aucun effet sur le gaillard. Un coup de pistolet et la messe est dite ! Sauf que non : le guérisseur, qui avait cessé de respirer, se relève ! Nouvel échange de coups de feu (et de coups de poings), Raspoutine s'effondre... avant de ressusciter ! Il faut viser la tête ! Cette fois, ça y est : le gredin a enfin trépassé. Son cadavre est finalement jeté dans la Neva gelée.

Aujourd'hui encore, on ignore les causes qui ont réellement entraîné la mort de Raspoutine – le poison, les coups, les balles, la noyade, le froid ? Et on l'ignorera encore longtemps puisque les rapports d'autopsie ont été perdus.

Ce que l'on a en revanche conservé, c'est son pénis, un « engin » d'une taille ahurissante : une trentaine de centimètres ! La « chose », plongée dans du formol, est exposée au musée de l'érotisme de Saint-Pétersbourg depuis 2004. Mais est-on vraiment sûr qu'il s'agisse bien du sien ? Et que la chose en question soit réellement un pénis ? Certains spécialistes pencheraient plutôt pour un concombre de mer...

Oh, those Russians...

Photographie de Grigori Raspoutine, datée de la fin du XIXe s.

Chaude comme une baraque à frites

C'est à Rome, aux alentours de l'an 40 ap. J.-C. que Messaline épouse l'empereur romain Claude. Elle a quatorze ans. Il en a au moins trente de plus qu'elle.
Décrite par les historiens (Tacite, Suétone...) au mieux comme une femme cruelle, au pire comme une nymphomane (le poète Juvénal la surnommera la « putain impériale »), la jeune Messaline défraie la chronique dès son accession au trône : il se murmure qu'elle se prostitue volontairement dans les bordels et qu'elle a même transformé une partie de son palais en maison close !
Son attitude scandalise tout l'empire, mais personne ne dit trop rien – c'est qu'on a peur de ses réactions. L'intrigante a la main leste lorsqu'il s'agit de faire exécuter quiconque a refusé ses avances ou suscité sa jalousie. Alors quand Messaline s'amourache de Caius Silius, un sénateur déjà heureux en mariage, le pauvre sent une longue traînée de sueur couler le long de son dos. Quand elle lui commande de divorcer, il obéit. Et quand elle lui impose le mariage, là encore, il se soumet. Mais c'en est trop pour Claude, dans le dos duquel s'est jouée la cérémonie ! Furieux d'être ainsi humilié en public – ou menacé d'un coup d'État, il dépêche ses soldats pour régler leur compte aux tourtereaux.
Orgies (l'impératrice aurait concouru avec une prostituée pour montrer qu'elle était la plus endurante dans l'étreinte, et aurait été déclarée victorieuse après que sa rivale a déclaré forfait au bout de 25 « assauts »), adultères, complots et assassinats dessinent le portrait de Messaline en femme manipulatrice, débauchée et perverse.
Pour avoir osé jouer le jeu de ses pairs masculins ? On peut le supposer...

Victor Biennourry, *La Mort de Messaline* (1850), huile sur toile (221 x 299 cm), musée de Grenoble.

Louis Charles Bombled,
Gilles de Rais – le vampire de Bretagne, lithographie extraite d'une édition illustrée de L'Histoire de France de Jules Michelet.

(Ci-contre, haut) Gravure (XIXe s.) représentant l'exécution de Gilles de Rais, Palazzo di Brera, Milan.

(Ci-contre, bas) Chromolithographie (XIXe s.) représentant Gilles de Rais confondu par ses juges.

(Ci-contre, droite) Éloi Firmin Féron, *Gilles de Laval, sire de Rais* (1835), huile sur toile (219 x 143 cm), châteaux de Versailles et de Trianon.

Medieval killer

Soutien du futur roi Charles VII, le baron Gilles de Rais compte parmi les compagnons d'armes de Jeanne d'Arc. Jusqu'ici tout va bien. Mais une petite dizaine d'années après la disparition de la Pucelle d'Orléans, le sire de Rais est arrêté et jugé à Nantes pour d'horribles crimes sexuels perpétrés sur de jeunes garçons dans les années 1430. Ses victimes se comptent par centaines, et la description de leur supplice atteste du sadisme de leur bourreau : tortures, viols, décapitations, démembrements et j'en passe. Le seigneur de Tiffauges poussait le vice jusqu'à conserver dans sa chambre à coucher les têtes des enfants qu'il trouvait les plus mignons, à les y exposer un temps avant de les jeter au feu.
Condamné sur la base de témoignages de parents, Gilles de Rais est également accusé de pacte avec le diable. Ses aveux scellent son destin : l'homme sera pendu et partiellement brûlé, puis enterré.
À tout saigneur, toute horreur...

Une vie de débauche

Donatien, marquis de Sade, naît en 1740. Il grandit entouré de femmes confites en dévotion – certaines d'ailleurs ont pris le voile ou se retireront au couvent.
Vers sa majorité, Sade est envoyé au service militaire. Ses supérieurs écrivent à son sujet qu'il est « fort dérangé, mais fort brave ». Marié assez jeune, il multiplie les incartades extra-conjugales avec des maîtresses souvent issues de la haute société. Et le voilà qui se passionne pour l'écriture et produit une littérature érotique, pornographique, extrêmement violente. Pour vous schématiser le bazar, on y parle de tortures, d'incestes et même de meurtres. Son œuvre est le reflet de sa vie : en 1763, une prostituée porte plainte contre le marquis pour coups et actes blasphématoires. Et hop ! petit séjour en prison.
Plus tard, il séquestre une mendiante et lui fait subir d'affreux sévices. La malheureuse réussit à s'enfuir et à prévenir la police. Et hop, re-petit séjour en prison.
Le scélérat récidive : cinq femmes tombent malades après qu'il leur a fait ingurgiter des petites pilules. Des aphrodisiaques selon Sade, du poison selon les intéressées. Gros scandale. Il s'enfuit alors en Italie avec l'une de ses maîtresses, sa belle-sœur, également chanoinesse. L'idylle tourne court lorsqu'elle apprend qu'il lui est infidèle (lui avait-elle donc donné le bon Dieu sans confession ?). Les autorités lui remettent la main dessus, et hop, re-re-petit séjour en prison.
Libéré-délivré, il embauche de jeunes enfants comme domestiques... lesquels sont ensuite renvoyés chez eux ou confiés à un couvent. Ils portent, selon les témoins, les marques de sévices infligés par le marquis. Et hop, re-re-re-petit séjour en prison.
Pendant la Révolution, il est accusé de conspiration contre-révolutionnaire. Et hop...bon, vous connaissez la chanson.
Au mitard, il trouve à chaque fois le moyen de se bouffer le nez avec les autres détenus : violences, insultes et lettres de menaces font partie de son quotidien. Échappant à un aller simple pour la guillotine, il est remis en liberté... avant d'être enfermé à l'asile de Saint-Maurice, près de Paris. Mais la détention lui est douce, le personnel l'a à la bonne ! Au programme : petites balades dans le parc, dîners entre amis, écriture et représentations de pièces de théâtre ! Il meurt là-bas à 74 ans d'une maladie cardiaque.
Quasiment toute sa vie, sa femme lui sera entièrement dévouée. Elle ne demandera la séparation que lorsqu'il sortira de sa dernière incarcération (treize années), en juin 1790, vieilli et bouffi.
Après ses funérailles, son corps est exhumé par des médecins qui souhaitent analyser son crâne et en faire un moulage – lequel se trouve aujourd'hui dans les réserves du musée de l'Homme de Paris. Le docteur Spurzheim conclura l'étude du divin carafon par ces mots : « Le marquis de Sade est auteur de *Justine*. M. Dumoutier possède son crâne sur lequel on remarque un développement extraordinaire de la destructivité, de l'amour physique et des facultés réflectives. Singulière combinaison qui devait enfanter un livre monstrueux. » Édifiant...

Portrait de Donatien Alphonse François de Sade d'après Van Loo, dessin.

Le baron rouge

Au cours des guerres de Religion du XVIe siècle, le capitaine François de Beaumont, baron des Adrets, est un redoutable militaire : les villes qui ont le malheur de se trouver sur la route de ce partisan du clan protestant sont pillées et leurs habitants assassinés. C'est le cas de nombreuses communes autour de Grenoble, de Valence, de Lyon et même du monastère de la Grande Chartreuse, brûlé en juin 1562. Un mois plus tard, il s'empare de Montbrison et massacre indifféremment (hommes, femmes, enfants et vieillards) près de 20 % de sa population. Les rescapés (catholiques) faits prisonniers ne sont pas épargnés et jetés du haut d'une tour du château sur des piques fichées en contrebas.
Partout où le baron passe, le peuple trépasse. Laissant derrière lui des traînées de sang, de fumée et de cendres, il devient la terreur des villageois.
Au cours de sa carrière, François de Beaumont change d'avis... et se convertit au catholicisme. Il retourne guerroyer mais, après quelques défaites, préfère se retirer dans la solitude de son château de la Frette, où il mourra dans son sommeil au début de l'année 1587. Sa sépulture n'a jamais été retrouvée. Comme celle d'Attila, tiens...

Louis Charles Bombled, *Les Guerres de Religion – cruautés des protestants sous le baron des Adrets*, lithographie extraite d'une édition illustrée de *L'Histoire de France* de Jules Michelet.

Loup, y es-tu ?

Au XVIIIe siècle, une bête féroce sème la terreur dans le royaume de France, plus précisément en Lozère : un monstre s'attaque aux humains et dévore une centaine d'habitants. Ceux qui, par miracle, ne finissent pas dans son gosier le décrivent comme un énorme loup-garou au poil rougeâtre, lequel prend rapidement le nom de « Bête du Gévaudan ». La créature échappe à toutes les battues : plusieurs grands loups sont tués mais les attaques continuent... pendant trois ans ! En 1767, enfin, un chasseur abat un immense loup et le carnage cesse immédiatement. Plus de peur... et plus de mal.

Gravure de 1764 représentant la Bête du Gévaudan.

DIS-MOI CE QUE TU MANGES, JE TE DIRAI QUI TU ES

Célèbre dans le monde entier, la gastronomie française fait la joie des amateurs de bonne chère. Riche d'anecdotes croustillantes, choisies avec goût, ce chapitre risque fort de vous couper l'appétit…

La main à la pâte

1384, Paris, rue des Marmousets. Les affaires sont florissantes pour le barbier et le pâtissier du quartier, dont les échoppes voisinent. Le premier manie le rasoir comme personne, le second régale les gourmands de succulents pâtés à la viande.

Un jour de 1387, un chien gratte à la porte de la pâtisserie en aboyant à la mort. Les autorités, curieuses, fouillent la place et font, dans la cave du barbier, une découverte macabre : un véritable atelier de dépeçage, avec membres humains en attente d'être hachés menu. Les victimes, égorgées par le barbier, fournissent la matière première aux fameux pâtés vendus par le pâtissier.

Les deux larrons sont alors arrêtés, condamnés après aveux, brûlés vifs en place de Grève et leurs boutiques sont rasées. De cette horrible histoire, resterait aujourd'hui, rue Chanoinesse dans le 4e arrondissement de la capitale, la « pierre du chien », potentiel billot des assassins, qui nourrit… la légende. Car oui, hormis la mention d'un fait divers similaire dans les écrits du chroniqueur Jacques du Breul au XVe siècle, rien ne vient attester de la réalité de cet épouvantable récit. Mais, comme on le dit en cuisine ou en histoire : « Pas de fumée sans feu ! »

Photographie de Charles Marville représentant une vue de la rue des Marmousets depuis la rue Saint-Landry, prise au mitan du XIXe s.

Jean Bourdichon, plant de fève illustrant une des marges du livre d'heures *Horae ad usum Romanum* dit « Grandes Heures d'Anne de Bretagne » (1457-1521).

Le plat qui met un vent aux Anglais

La légende raconte que le cassoulet est né à Castelnaudary, en Occitanie, à la suite d'un événement pas super cool.
Les habitants de la ville, assiégée par les Anglais en 1355, en pleine guerre de Cent Ans, n'ont plus de quoi se nourrir. Alors, ils rassemblent ce qu'ils ont sous la main – principalement des fèves (l'aliment de base à l'époque – eh oui, on ne connaît pas encore la pomme de terre) et des restes de viande – pas toujours très nobles... Un petit tour en cuisson et paf ! : le cassoulet est né !
Les Chauriens, revigorés, ont donc pu tenir tête aux « Britiches » qui ont eu le bon goût de fuir... à l'anglaise.

Trempe ton pain, Marie, dans le... sang

La cherté du pain, durant la Révolution française est tout sauf une légende urbaine...
La guerre des farines fait rage tout au long de la décennie 1780, à la suite d'hivers désastreux qui ont ravagé les champs de blé. Ajoutez à cela les conflits coûteux et les impôts sur le sel et vous pourrez vous faire une petite idée de l'inflation dont souffrent les Français en 1789, et qui se poursuit les années suivantes.
Envol des prix de la farine et du pain, rationnement... Il n'en faut pas plus pour créer des émeutes aux portes des commerces. Malheur alors aux boulangers que l'on soupçonne de se livrer à la spéculation ! C'est le cas de Denis François, injustement accusé de cacher des pains dans son arrière-boutique. Il est pendu à une lanterne puis décapité par le peuple place de Grève, en octobre 1789. Sa tête, plantée au bout d'une pique, est promenée dans les rues de Paris et devant les boulangeries afin d'effrayer les « affameurs ».
Rendus responsables de cette situation, Louis XVI et sa famille seront surnommés « le boulanger, la boulangère et le petit mitron ». Tout un symbole...

Gravure de Jean-François Janinet représentant la pendaison du boulanger François (1789).

Un roi ou un estomac sur pattes ?

Louis XIV a passé sa vie à s'empiffrer. Les ripailles commencent dès 8 h 30 où, lors de la cérémonie du lever, il se régale d'un verre de vin et d'un bouillon. Durant la journée, à table, c'est en véritable glouton qu'il sacrifie à la bonne chère. Vers la fin de son règne, son palais troué et ses dents en piteux état l'empêchent de mâcher les morceaux de viande, qu'il avale tout rond. Après qu'il a passé l'arme à gauche, on découvre à l'autopsie que son estomac est deux à trois fois plus gros que la moyenne. Bref, le Roi-Soleil ne faisait rien comme tout le monde.

Jean Auguste Dominique Ingres, *Molière dinant avec Louis XIV* (1857), huile sur toile (50,5 x 71 cm), Comédie-Française, Paris.

Jan Steen, *La Mangeuse d'huîtres* (1658), huile sur bois, (20,5 x 14,5 cm), Mauritshuis, La Haye.

Avant le Viagra, y avait quoi ?

Des aphrodisiaques, on en compte des centaines à travers le temps : les Romains, pendant l'Antiquité, ingéraient de l'opium, de la poudre de vipère et du clou de girofle. En Grèce, on était plutôt huile d'olive.
Plus tard, au XVe siècle, on préconise la réglisse et la sarriette – cette dernière est d'ailleurs si réputée pour les joies de l'amour que sa culture est interdite dans les jardins des monastères.

Dans l'Italie du XVIIIe siècle, on préfère le chocolat, tandis qu'en France on s'en rapporte plutôt aux vertus de l'huître, de l'artichaut et de l'asperge (leur richesse en vitamine E, sans doute). Aujourd'hui, c'est plutôt du gingembre qu'il faut manger pour passer, soi-disant, une nuit épique !
Bref, pour s'envoyer en l'air, on est quand même prêt à avaler pas mal de couleuvres...

Les végétariens sur le gril

Au XIIIe siècle, l'Inquisition a les Cathares dans le nez. Ces derniers sont considérés comme hérétiques parce qu'ils professent une certaine philosophie de vie, qui repose entre autres principes sur le fait de ne pas se nourrir de viande. Pas forcément pour des questions de santé, d'ailleurs : croyant à la réincarnation de l'humain en animal, les Parfaits préfèrent s'abstenir de manger la vache du pré d'à côté – on ne sait jamais, c'est peut-être mamie qui nous fait son grand retour.
Bref, les Cathares sont végés, et l'Inquisition les fait passer à la casserole. S'ils ont cru en lancer la mode, ils se sont bien plantés…

Gravure représentant le bûcher de Montségur lors de la croisade contre les Albigeois, en France, au XIIIe s.

Louis-Félix Amiel, *Charlemagne, empereur d'Occident* (1839), huile sur toile (90 x 72 cm), château de Versailles.

Sacré Charlemagne !

Tout le monde connaît le roquefort, ce fromage bleu, moisi, fort en goût et en odeur. Avec un tel bagage, difficile de conquérir le cœur des amateurs… Pourtant, plusieurs personnalités historiques se sont laissées attendrir. C'est ainsi que Jules César, après avoir conquis la Gaule, aurait ramené dans sa poche ce frometon dès l'an 50 av. J.-C. Charlemagne, également de retour d'une campagne, profitant de l'hospitalité d'un habitant du sud de la France (un ecclésiastique), se voit invité par ce dernier à goûter un fromage à pâte persillée, bien attaqué par la moisissure – sans en retirer les parties bleutées qui constituent, selon l'hôte, le meilleur du fromage ! Convaincu, le roi « adopte » le roquefort et lui voue depuis une véritable passion.
Comme quoi, les montagnards des *Bronzés font du ski* n'ont rien inventé avec la scène de la fougne !

Le gueuleton qui brasse

L'art de recevoir au Moyen Âge et à la Renaissance, c'est quand même quelque chose. Certains seigneurs font de leurs banquets de véritables spectacles : c'est qu'à l'époque, tous les moyens sont bons pour en mettre plein la vue aux invités – quitte à avoir la main un peu lourde parfois. Des chroniqueurs médiévaux nous rapportent, qu'outre les « classiques » numéros de trouvères/troubadours et de montreurs d'ours, l'effet de surprise était provoqué par l'originalité des mets proposés. Ainsi on pouvait apporter à la grande joie des convives un immense pâté en croûte, duquel sortait un gars en armure. Un vrai gars, je précise.

Parmi les autres plats prévus au menu, on trouvait des *paons revestus*, paons entiers et remplumés afin de leur donner l'apparence de la vie, des rôtis ensanglantés, des coqs rôtis à cheval sur des cochons de lait et autres aberrations gastronomiques.
Parmi les musts, les « pâtés à trois », des tourtes servies les unes dans les autres comme des poupées russes de pâte feuilletée, d'où s'échappaient des envolées... d'oiseaux vivants !
Un pâté à la fiente, ça vous dit ?

Le Banquet des vœux du paon, peinture ornant le manuscrit de Jean Wauquelin, *Les Faits et conquêtes d'Alexandre le Grand*, 1448-1449.

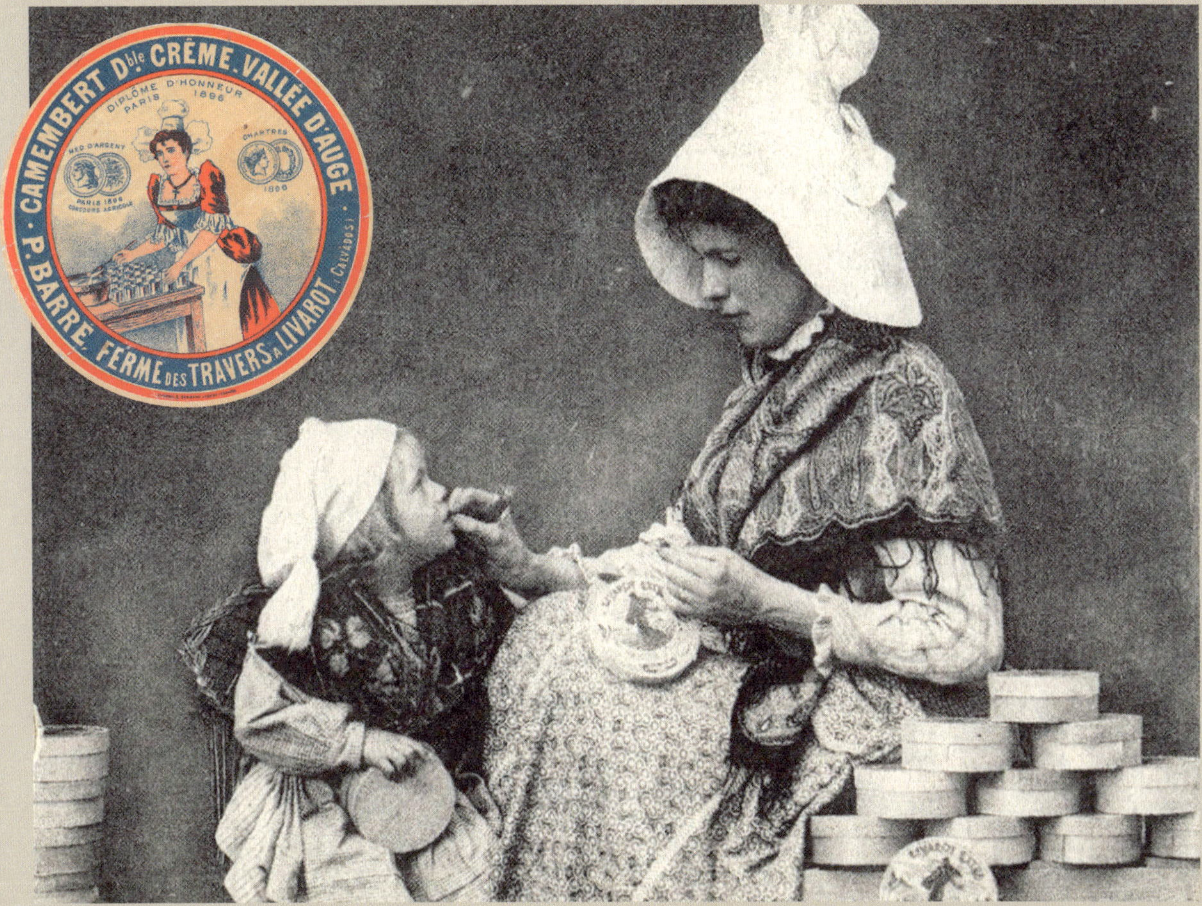

Supports publicitaires faisant la promotion du livarot (début XXe s.).

Des GI par l'odeur repoussés

En débarquant en France en 1944, des soldats américains mettent les pieds dans un petit bled normand. Parvenue aux abords d'une grange, la troupe s'affole : quelle est cette odeur ignoble qui s'échappe du bâtiment ? Rien moins qu'un cadavre en décomposition, à coup sûr.

L'un des troufions pousse fébrilement la porte, et tombe sur... une armée de livarots, posés sur des étagères en plein affinage.
Franchement, pas de quoi en faire tout un fromage !

Gravure représentant le convoi funèbre d'Alexandre le Grand.

Tout miel et tout sucre

Alexandre le Grand (356 av. J.-C.-323 av. J.-C.), roi de Macédoine, conquérant, génial stratège et despote de la période antique, décède des suites d'une maladie et d'une probable dépendance à l'alcool à l'âge de 32 ans. Le vainqueur de si nombreuses batailles est embaumé par des spécialistes venus d'Égypte et de Chaldée grâce à un mélange de sel et de miel. Son sarcophage est garni garnie d'herbes et d'épices, assurant la conservation du corps et maintenant une odeur agréable autour du défunt.

Voilà donc notre Macédonien, momifié façon zlabia. Ne me demandez pas la recette, je ne l'ai pas !

Ap-pet-issant...

Chaque Mardi gras, on s'en envoie pas mal dans le cornet. La tradition veut qu'on s'enfile bugnes, chichis et autres pets-de-nonne, petits beignets de pâte à choux délicieux mais porteurs d'un drôle de nom. Son origine ? La légende veut qu'à la fin du XIVe siècle, l'abbaye de Marmoutier soit en pleine effervescence : les religieuses ont la charge de préparer le dîner de Monsieur l'Archevêque de Tours. Stressée, l'une des sœurs, Agnès, occupée à touiller la pâte à choux, lâche un prout aussi discret qu'inattendu. De surprise (et de gêne aussi probablement...), elle fait tomber sa cuillère dans une marmite de friture posée juste au-dessous d'elle – et hop ! il est né le divin nanan !

Et l'histoire de la création du fion vendéen, vous la connaissez ?

« S'ils n'ont plus de pain, qu'ils mangent de la brioche ! »

Cette fameuse phrase aurait été prononcée par Marie-Antoinette en pleine Révolution, en réponse aux famines qui accablent les Français. Mais l'a-t-elle réellement prononcée ? Non. En réalité, c'est Rousseau qui, dans ses *Confessions*, révèle qu'une « princesse », dans un contexte similaire, propose ce remède de façon fort désinvolte à un peuple quasi mort de faim. Mais jamais il ne cite Marie-Antoinette... au fil d'un ouvrage rédigé en 1765 – date à laquelle la future épouse de Louis XVI n'a même pas encore posé un doigt de pied en France ! Comme quoi les fake news, ça ne date pas d'hier, n'est-ce pas ?

(Ci-contre) Élisabeth Louise Vigée-LeBrun, *La Reine Marie-Antoinette dite à la rose, reine de France (1755-1793)* (1783), huile sur toile (113 x 87 cm), château de Versailles.

(Ci-dessous) Gravure (XVIIIe s.) représentant le marquis de La Fayette et le couple royal surplombant la foule des femmes rassemblées à Versailles le 6 octobre 1789.

Quand l'appétit va...

Paris, rue Saint-Denis, années 1190. Devant vous se dresse un bâtiment de deux étages : la Grande Boucherie, la plus grande boucherie de la capitale depuis laquelle, proximité de la Seine oblige, on balance à la flotte litres et litres de sang, monceaux d'excréments et carcasses en charpie. On y vend de la viande (mais pas seulement : l'établissement fait aussi office d'abattoir, de tannerie, et de lieu de fabrication de parchemins et de chandelles) et on y embauche des écorcheurs, rémunérés à la pièce et exemptés de certaines taxes (comme celle dont doivent s'acquitter tous ceux qui s'approvisionnent hors de Paris sans payer d'impôts), et bénéficiant d'une situation sociale pas dégueu. La viande est très précieuse à la ville de Paris, et les travailleurs de la Grande Boucherie le sont tout autant.
Bien conscients de leur position, les bouchers se révoltent tout le temps, tâchant d'obtenir toujours plus à grands coups d'émeutes et de massacres. Seulement toutes les bonnes choses ont une fin : le pouvoir finit par se lasser de ces revendications et les travailleurs de la Grande Boucherie sont arrêtés, exécutés ou mis en fuite, et l'établissement est fermé puis détruit en 1416. En gros, ils l'ont eu dans l'os et ça a fini en jus de boudin...

(Ci-contre) Illustration représentant la place de l'Apport-Paris au début du XIXᵉ s., dominée par le Grand-Châtelet et flanquée à gauche de l'ancienne Grande Boucherie.
(Ci-dessus) Miniature d'un manuscrit du XIIIᵉ s. représentant un boucher.

Des origines de la tête de veau

À la suite de la décapitation de Louis XVI en 1793 naît une nouvelle tradition culinaire : pour insulter la mémoire du roi disparu, caricaturé depuis sa fuite à Varennes sous les traits d'un goret, les républicains s'attablent autour d'une tête de cochon farcie. Le temps passe : les convictions ne changent pas, les goûts, si ! La tête de cochon est, au cours du XIXᵉ siècle, remplacée par une tête de veau – une coutume venue d'Angleterre, selon Flaubert dans *L'Éducation sentimentale*. Laquelle finit par s'imposer comme le plat parisien par excellence.

(Haut) Caricature de Louis XVI (1791).
(Bas) Eau-forte du XVIIIᵉ s. (14 x 22,8 cm) représentant Louis XVI sous la forme d'un porc, musée Carnavalet, Paris.

Pour votre santé, évitez de manger trop gras, trop sucré, trop salé

Doté d'un appétit d'ogre, le roi Adolphe-Frédéric de Suède attend impatiemment le jour de Mardi gras en cette année 1771 pour s'en mettre plein la panse. Au menu : caviar, soupe, homard, harengs, choucroute, desserts à la crème et champagne à volonté... Avant de faire Carême, période d'abstinence et de modération, mieux vaut se constituer de bonnes réserves.

Mais la goinfrerie a ses limites. Le soir du gueuleton, le roi décède des suites d'une indigestion carabinée. À qui la faute, me direz-vous ? Eh bien, selon l'entourage royal, la faute en incomberait au dessert, qui fut déclaré « coupable d'assassinat » ! Le dessert qui tue – un concept à retenir !

Gustaf Lundberg et Jakob Björck, *Adolph-Frédéric de Suède* (1750).

T'as pensé au pain ?

Au tournant du XVIIIe siècle, soit juste après la Révolution française, le prix du pain est incroyablement élevé puisque le blé se fait rare. Alors chaque Français, qu'il soit convié à dîner chez des amis ou s'attable au restaurant, doit se munir de son propre morceau de pain. Ceci nous est rapporté par Alexandrine des Écherolles, jeune noble âgée de 14 ans au début de la Révolution, dans ses *Quelques années de ma vie* : après avoir été traumatisée par ces années de violence et avoir perdu une partie de ses proches, elle peine à s'habituer à une existence régie par les rationnements, les reconstructions sociales et les nouveaux codes, tels que cet étrange rituel autour du pain, devenu une denrée rarissime.

Peinture représentant une taverne française vers la fin du XVIIIe s., huile sur toile, musée du Louvre, Paris.

Bonjour François, vous avez un colis en attente

Chantilly, 1671. Louis II de Bourbon-Condé (alias le Grand Condé), ex-général de France tombé en disgrâce pour avoir fricoté avec les frondeurs durant la jeunesse de Louis XIV, organise un week-end de festivités en l'honneur du Roi-Soleil, invité avec toute sa cour. Sûrement pour fêter le retour de la faveur royale venue récompenser ses bons et loyaux services durant la dernière guerre avec l'Espagne... et renflouer ses caisses en prévision d'un prochain conflit avec la Hollande. Rien n'est gratuit !

Son maître d'hôtel, François Vatel, a donc 15 jours pour préparer un repas digne du souverain. Pour vous planter le décor, il est prévu que les plats soient servis entre des feux d'artifices, plus de 3 000 invités sont attendus... Je vous dis pas la pression !

Dans ses cuisines, Vatel s'inquiète du retard pris par la livraison de poissons de mer en provenance de Normandie. Ne voyant rien venir, Vatel, stressé, épuisé par le manque de sommeil et incapable de supporter l'affront à venir, cale son épée dans la porte de sa chambre et se jette dessus... une fois, deux fois, trois fois, selon certains historiens ! Pile au moment où la commande arrive ! Pour honorer sa mémoire, personne ne toucha au poisson présenté au cours du repas.

Gravure extraite de l'ouvrage *La Cuisine des familles* (1905).

MAUVAIS ESPRIT

En France ou ailleurs, nos ancêtres n'ont pas toujours brillé par leur fair-play ou leur élégance ! Coup bas, répliques qui tuent, mesquineries et tricheries en tout genre..., l'Histoire avec un grand H, c'est aussi parfois petit. Très petit.

« Voilà comment on les calme... »

Femme libre fréquentant assidûment les salons littéraires et le milieu intellectuel du Paris de la fin du XVIIIe siècle, soutenant l'abolition de l'esclavage, la féminisation des noms de métiers et le droit au divorce, Olympe de Gouges rédige en 1792 la *Déclaration des droits de la femme et de la citoyenne*.

Les grands espoirs qu'elle place en la Révolution quant à l'amélioration de la condition féminine seront hélas déçus. Parce qu'elle s'oppose à la mort de Louis XVI et dénonce les atrocités des massacres de septembre, elle est traduite, sitôt l'exécution des Girondins, devant un tribunal qui la condamne à la guillotine. Par peur d'être inquiété, son propre fils, adjudant général, la renie.

Par ses écrits et ses prises de position, Olympe de Gouges aurait-elle représenté une menace pour le noyau dur des révolutionnaires ? Son assassinat aurait-il été organisé pour inciter les femmes à ne pas trop se mêler de politique ? Au vu de « l'hommage » que lui rendit le procureur de la Commune de Paris, Pierre-Gaspard Chaumette en s'adressant aux républicaines (« La femme-homme, l'impudente Olympe de Gouges [...] voulut politiquer et commit des crimes... Et vous voudriez [l'] imiter ? Non ! Vous sentirez que vous ne serez vraiment intéressantes et dignes d'estime que lorsque vous serez ce que la nature a voulu que vous fussiez. »), l'affaire ne fait aucun doute...

Gravure représentant Olympe de Gouges remettant sa *Déclaration des droits de la femme et de la citoyenne* à Louis XVI et Marie-Antoinette.

On n'est pas bien, là, hein Jean-Claude ?

Au Moyen Âge, lorsqu'un seigneur donne un immense banquet pour régaler tous ses potes (avec troubadours et montreurs d'ours), les femmes restent généralement à l'écart. Elles ne mangent pas, ou très peu, pour ne pas choquer les convives. Oui, une femme qui mange, à l'époque, on trouve ça hyper vulgaire.
Bref, pendant que les hommes s'empiffrent, l'histoire nous raconte que les femmes attendent patiemment à l'écart que tout le monde parte, pour se sustenter des restes. Sympa, l'ambiance de la soirée.

Miniature représentant une scène de banquet (détail), illustrant l'*Histoire d'Olivier de Castille et d'Artus d'Algarbe* de Philippe Camus, dans la version remaniée par David Aubert (XVe s.).

Un métier d'homme ? Pas sûr...

Née en Bretagne en 1720, la jeune Marguerite Le Paistour, élevée à la dure par une belle-mère violente et tyrannique, s'enfuit de la maison familiale dès qu'elle le peut. Pour ne pas être reconnue et se tenir à l'écart de toutes les agressions, elle se coupe les cheveux et se travestit en homme, adoptant le prénom Henri. Après avoir été engagée comme servant de messe, Marguerite intègre l'armée et, de fil en aiguille, apprend à envoyer les criminels *ad patres* auprès du bourreau de Strasbourg.

Sympa... Mais notre héroïne a la peau dure – rappelez-vous son enfance catastrophique... – et part à Lyon exercer sa profession en toute légalité.
Sauf qu'un jour, le pot-aux-roses est découvert. Dénoncée pour travestissement, Marguerite est incarcérée. Elle se confie à un prêtre, lequel transmettra son histoire à la postérité. En prison, elle tombe amoureuse d'un homme avec qui elle vécut heureuse.
Et eut beaucoup de petits bourreaux ?

Néfertiti, dors dans ta crypte

Grande reine d'Égypte, Néfertiti meurt vers 1334 avant notre ère. On ne sait pas grand-chose de sa vie, qui reste nimbée de mystère. Car, presque rien, sur le plan strictement historique, ne vient attester de ce à quoi aura ressemblé son existence.

Tout porte à croire qu'elle ait été l'objet d'une *damnatio memoriae* – c'est-à-dire, littéralement, une « damnation de la mémoire » : on efface toute trace de sa vie, de son règne et de son image – même sa sépulture et son corps n'ont aujourd'hui encore pas été retrouvés. En gros, c'est un peu le sort « oubliette » d'Harry Potter.

Mais pourquoi Néfertiti aurait-elle subi cet effacement de la mémoire collective ? Plusieurs hypothèses émergent : serait-elle tombée en disgrâce parce qu'elle ne donnait pas d'héritier masculin à son mari, le pharaon Akhenaton ? Se serait-elle suicidée à la suite de la mort de l'une de ses filles ? Aurait-elle, en fait, changé de nom en cours de règne ? Aurait-elle abandonné le culte d'Aton, la religion de l'époque ?

Une certitude : Néfertiti a rejoint le club très fréquenté de ces dizaines, voire de ces centaines de femmes « invisibilisées » par l'Histoire...

Affiche du film *Nefertiti, reine du Nil* de Fernando Cerchio (1961).

Arnaque à la capétienne

Jusqu'à la fin de règne des Carolingiens (751-987), les monarques français sont... élus ! Sauf que Hugues Capet, premier roi de la nouvelle dynastie capétienne, est tout sauf bas du front : une fois élu comme ses prédécesseurs, il s'empresse de faire sacrer son fils, qui devient ainsi l'héritier direct de la couronne et reproduira la manœuvre quelques décennies plus tard avec son propre fiston. Plus d'élection désormais, les Capétiens vont régner non-stop sur la France jusqu'en 1792. On salue le coup de génie quand même...

Charles de Steuben, *Hugues Capet* (1837), huile sur toile (91 x 74 cm), château de Versailles.

Game over

Marié depuis un an à Marie-Thérèse d'Autriche, le Roi-Soleil, en 1661, n'en est pas moins « in love » avec sa belle-sœur Henriette d'Angleterre (la femme de son frère). Pour tromper son monde, il tente de faire croire que c'est sa dame d'honneur, Françoise-Louise de La Vallière, qu'il courtise. Sauf que le souverain est pris à son propre jeu et tombe raide dingue de la demoiselle en question.
Les deux amants entretiendront une relation pendant plus de dix ans, nourrie de rendez-vous secrets dans le petit pavillon de chasse entouré de marais qu'est à l'époque Versailles.
Toute première favorite officielle de ce tombeur de Louis XIV qu'elle est, mademoiselle de La Vallière n'est guère à l'aise avec ce statut de courtisane. L'envie lui prend de s'éloigner de ces maîtresses qui complotent et d'en finir avec la vie de château. Alors elle se retire dans un couvent et demande pardon à la reine.
Malgré la durée (et l'intensité) de cet amour (qui donnera tout de même naissance à des enfants), Louis XIV dira que Louise n'était plus rien à ses yeux à partir du moment où elle prendra le voile.
Vexé comme un pou, le Loulou ?

Jean Nocret, *Louise-Françoise de la Baume Le Blanc, mademoiselle de la Vallière, duchesse de Vaujours (1644-1710)*, huile sur toile (129 x 96 cm), château de Versailles.

Sous les pavés... la bouse

Au XIIe siècle, Paris sent mauvais, Paris est boueux et Paris est crotté. Alors le roi Philippe Auguste décide de faire paver toutes les rues de la ville pour éviter d'avoir de la fange jusqu'aux genoux. Toutes ? Non... Celles des quartiers pauvres, les miséreux devront s'en occuper eux-mêmes.
Décidément, les tâches ingrates, c'est toujours aux mêmes qu'elles reviennent.

Gravure représentant Philippe Auguste ordonnant de paver Paris, extraite de l'ouvrage *Histoire de France en cent tableaux* (1880) de Paul Lehugeur.

J'aurais voulu être un chanteeeeeeuuur

Néron, impitoyable tyran romain du Ier siècle de notre ère, est un véritable artiste. Après des années de leçons de musique, il joue de la cithare, de la flûte, de l'orgue et de la cornemuse à merveille. En revanche, certains historiens s'accordent à dire qu'il a une voix de crécelle. Mais qu'importe ! Néron s'entraîne, persévère, se fait vomir et dort avec un poids en plomb sur la poitrine pour approfondir sa voix. Il se donne même en représentation sur scène devant ses concitoyens romains. Dans l'amphithéâtre, les avis sont mitigés... mais gare à celui qui n'applaudit pas, se moque ou tire la tronche ! Fort de ce succès, Néron part en tournée en Grèce et participe à un concours de chant, qu'il remporte haut la main.
Ça vous étonne ?

Jan Styka, *Néron à Baiae* (1900), huile sur toile, collection privée.

Gravures représentant Philippe Auguste et Ingeburge de Danemark.

Jetée le lendemain de ses noces...

Ingeburge de Danemark convole en justes noces avec le roi Philippe Auguste le 14 août 1193. Le lendemain, son royal époux la sacre reine... et la répudie ! Les mauvaises langues invoqueront une histoire d'impuissance lors des ébats nocturnes. Toujours est-il que le roi ordonne la dissolution du mariage et fait enfermer la malheureuse dans plusieurs prisons et couvents. Et le voilà qui se remet en quête d'une nouvelle reine.

Seulement voilà : le sort d'Ingeburge a ému les meilleurs partis d'Europe, qui, les unes après les autres, déclinent la proposition de Philippe Auguste. Lequel jette son dévolu sur Agnès de Méranie, qui meurt en couches en 1201. Il faudra cependant l'intervention du pape Innocent III pour que la reine légitime remonte sur le trône en 1213, après vingt ans de réclusion.
Tout ça pour une petite panne, c'est quand même cher payé.

À charge égale…

Le marché du travail au Moyen Âge, c'est le règne de l'intérim. On ne compte plus les journaliers, les brassiers ou les manouvriers – ces gens dont on loue les bras, en gros, pour la journée. Toitures à refaire, grains à semer, légumes et fruits à ramasser, granges à nettoyer… tout est bon à prendre pour ces travailleurs pauvres, illettrés et souvent sans logement. Parmi ceux-ci, des hommes, mais aussi des femmes. La différence ? À travail égal, les manouvrières touchent le cinquième du revenu de leurs collègues masculins.
L'inégalité salariale, une histoire longue… comme le bras.

Jean, Paul et Herman de Limbourg, enluminure sur vélin extraite des *Très Riches Heures du duc de Berry* (fin du XVe s.).

Rien n'arrête Isabel

Jeune Galicienne du XVIe siècle, Isabel Barreto a beau être petite et frêle, elle devient, à la mort de son mari (un explorateur), gouverneure des îles Salomon et la première femme amirale à prendre la tête d'une flotte espagnole.
Mais la belle a la bougeotte. En compagnie de son second mari, un autre explorateur, elle reprend la mer… pour écumer le Pacifique. Leur expédition les jette, après bien des épreuves, sur les rivages de Santa Cruz, où leur arrivée déclenche l'hostilité des indigènes.
En plus de l'ambiance pourrie à terre, à bord, ça n'est pas mieux. Isabel n'est guère appréciée par l'équipage – composé de marins chevronnés mais pas seulement. Une vingtaine de familles, dont quarante enfants, ont embarqué sur le navire afin de s'installer définitivement aux Canaries. La mutinerie gronde, la faim attise les mécontentements et les maladies déciment peu à peu le personnel navigant et les passagers. Son mari ayant passé l'arme à gauche, Isabel, seule au gouvernail, se retranche dans sa cabine. La faim ? connaît pas. Pendant que l'équipage meurt à petit feu, elle se gave, sans partager les vivres.
Le goût des voyages et des conquêtes ne lâche pas l'aventurière qui, après un troisième mariage, reprend la tête d'une autre expédition… avant de disparaître des radars.
Nous espérons que vous avez effectué un agréable voyage en sa compagnie…

Portrait présumé d'Isabel Barreto.

Loi salique, loi sadique

Au début du XIVe siècle, alors que les prétendants à la succession du roi Louis X (1289-1316) se bouffent le nez, un habile courtisan sort cette loi de son chapeau pour évincer l'unique héritière du trône, la fille du roi, Jeanne. Son nom ? Philippe V, frère du roi défunt et oncle de la demoiselle. Celui-ci déterre donc la loi salique – qui n'a rien à voir avec la choucroute : ce code juridique vise depuis le haut Moyen Âge à réglementer les vengeances privées (autrement appelées « faides »). Qu'importe : complètement sortie de son contexte, la loi est remodelée pour évincer les femmes du pouvoir et asseoir la domination masculine sur le trône de France.
Bon, mes sœurs, petite consolation : Philippe V, l'usurpateur (également suspecté d'avoir zigouillé son neveu, voir p. 11), ne restera à la manœuvre que cinq ans. En vertu de ses manigances, ses filles ne porteront pas la couronne… qui échoira à son frangin. Miskine.

Gravure (XIXe s.) représentant Philippe V le Long.

Jean Léon Gérôme, *Diogène* (1860), huile sur toile (74,5 x 101 cm), Walters Art Museum, Baltimore.

Let the Sunshine in !

Diogène le Cynique, parfois surnommé Diogène le Chien ou encore Diogène le Fou (ça plante le décor…) est un philosophe grec du Ve siècle av. J.-C.. Parce que, selon lui, la vertu est le souverain bien, il renonce à tout confort et vit dans un tonneau (ou une amphore géante), parcourant parfois la ville, de jour, avec une lanterne allumée, à la recherche d'une personne honnête…
Tantôt esclave, tantôt vagabond, Diogène se montre particulièrement antipathique à l'égard de ses contemporains : à Alexandre le Grand venu en personne lui demander s'il désirait quelque chose (et secrètement le voir renier ses convictions philosophiques), cette vieille carne aurait répondu : « Que tu te pousses de mon soleil ! ». Pas si fou, donc…
Malgré son mode de vie foncièrement précaire, Diogène s'éteint vers 90 ans, peut-être à cause d'une morsure de chien infectée, d'une indigestion de poulpe cru, ou encore d'un arrêt respiratoire… volontaire – les causes de sa mort font aujourd'hui encore débat.
Ce que l'on sait en tout cas, c'est que le fait d'être désagréable, ça conserve… Toutes les taties Danielle de la Terre ont donc encore de beaux jours devant elles.

Maurice Quentin de La Tour, *Portrait en pied de la marquise de Pompadour* (XVIIIe s.), pastel (175 x 128 cm), musée du Louvre, Paris.

Souvent homme varie…

Louis XV (1710-1774), grand séducteur, collectionne les femmes. Parmi ses conquêtes, en 1745, Jeanne-Antoinette Poisson, future marquise de Pompadour.
Se voir élevée au rang de favorite royale n'a rien d'une sinécure, c'est franchement un cadeau empoisonné : à la cour de Louis le Bien-Aimé, jalousie et complots font partie du quotidien.
De plus, la pauvre Jeanne, de santé très fragile, est épuisée par les saignées, technique de soin qui a surtout pour résultat d'affaiblir des patients déjà mal en point. Et pour couronner le tout, la Poisson a des problèmes gynéco – elle souffre de leucorrhée, c'est-à-dire de pertes vaginales infectées. Humiliation suprême : tout le monde bitche au sujet de ce qui se passe dans sa culotte ! Qu'importe : madame de Pompadour creuse son trou dans le cœur du roi… jusqu'à ce qu'il se lasse. Eh oui, ça devait arriver. Plus très enthousiaste à l'idée de batifoler avec celle qu'il compare désormais à une statue de neige, Louis XV fait murer les portes communicantes entre leurs appartements. Jeanne réussit cependant à conserver une place de choix auprès de son ex : elle devient non plus l'amante, mais l'amie du roi, et ce jusqu'à sa mort. Loyauté ou calcul politique ? Va savoir…

Bas-relief représentant deux gladiatrices, Museo della civiltà romana, Rome.

Quand les femmes descendaient dans l'arène

Eh oui, les femmes aussi ont dégainé épée, dague ou trident lors de ces tristement célèbres jeux du cirque romains – face à d'autres femmes ou à des animaux sauvages (éléphants, ours, taureaux ou lions). Pour preuve, ces peintures murales antiques qui représentent des combattantes… topless ! Égalité des sexes oblige – au moins dans ce contexte-là : le gladiateur est torse nu ? La gladiatrice aussi.
Le hic, c'est que le corps des femmes, lui, n'est pas, aux yeux des spectateurs de l'époque, désexualisé. En plus, il est moqué, dénigré. Une femme se battant à moitié nue, singeant des attitudes masculines, ne peut être qu'une dépravée. Ainsi le poète Juvénal, dans ses *Satires*, règle-t-il leur compte aux gladiatrices de sa plume acérée : « Quelle peut être sous un casque la pudeur d'une femme, qui déroge à son sexe pour usurper le nôtre ? » (Juvénal, *Satires*, VI).
En somme, tandis que les gladiateurs sont vus en héros, les gladiatrices, elles, sont l'objet de railleries et complètement dévalorisées. Le combat sera long, mes sœurs…

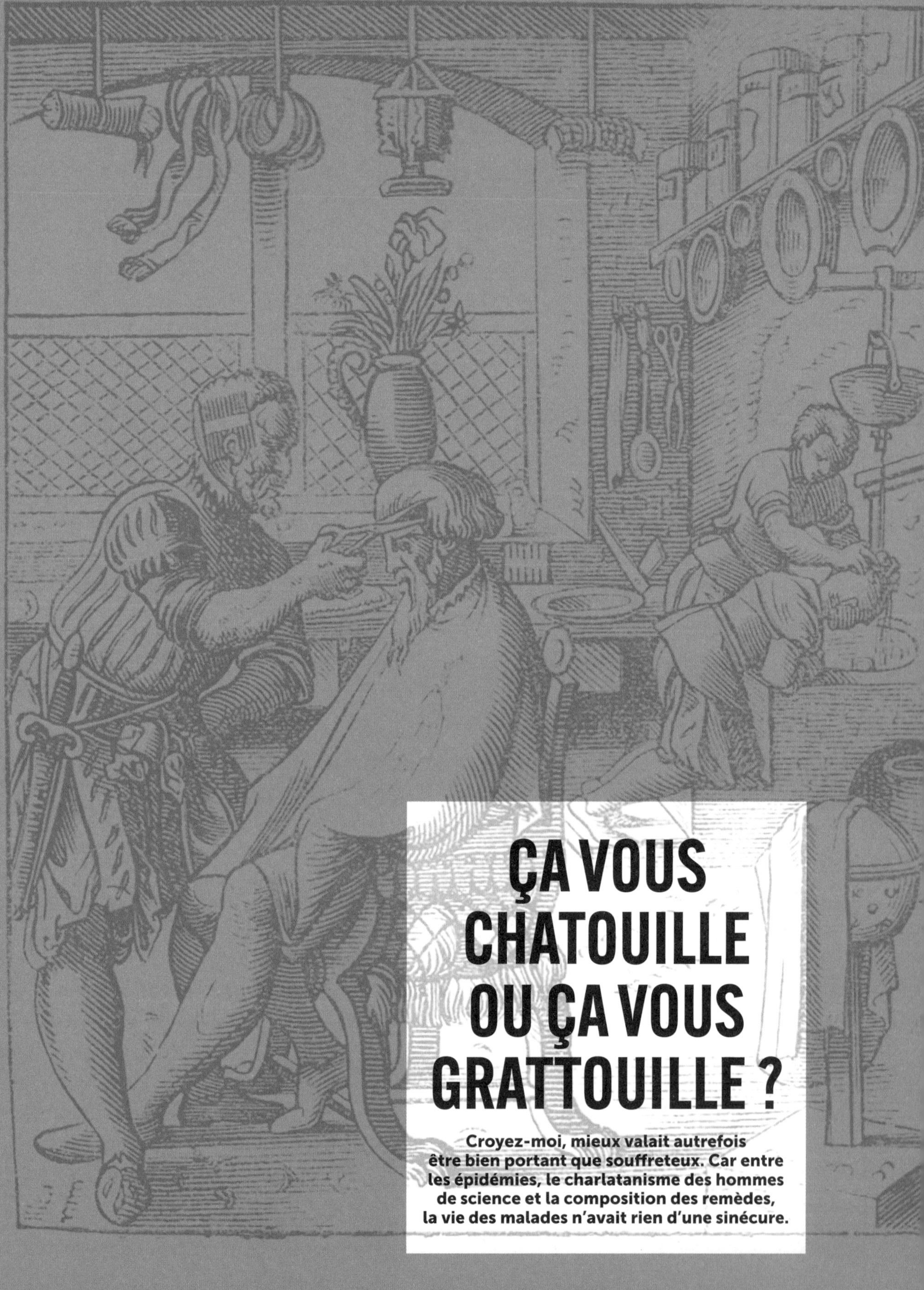

ÇA VOUS CHATOUILLE OU ÇA VOUS GRATTOUILLE ?

Croyez-moi, mieux valait autrefois être bien portant que souffreteux. Car entre les épidémies, le charlatanisme des hommes de science et la composition des remèdes, la vie des malades n'avait rien d'une sinécure.

Gravure d'Hendrik Hondius l'Ancien représentant les Strasbourgeois victimes de la peste dansante en 1518, collection privée.

La peste : le retour ?

Au XVIe siècle, une épidémie ultra spéciale et super dangereuse touche les habitants de Strasbourg : la « peste dansante » ! Pendant un mois, 400 « pégus » se sont mis à danser frénétiquement pendant plusieurs jours, jusqu'à ce que mort s'ensuive. Crise cardiaque, épuisement et tout le tintouin... Le mystère demeure quant aux origines du mal : les Strasbourgeois ont-ils subi un empoisonnement par le seigle ? Ont-ils été possédés par des démons, ou ont-ils été victimes d'hystérie collective ?...

Bien des siècles plus tard, une autre épidémie de danse « décimait » les jeunes générations des années 2000. La Tecktonik, ça s'appelait. Pareil, on n'a jamais su les causes d'une telle folie...

La pharmacopée du daron

Père de Pline le Jeune, Pline l'Ancien (23 av. J.-C.-79) est un naturaliste ayant trouvé la mort lors de l'éruption du Vésuve. Mais ce qui nous intéresse ici, ce sont plutôt ses recherches en matière de remèdes médicaux. Selon lui, le cérumen des hommes et des moutons, le vomi de chien, les excréments et le sang de toutes espèces, l'urine humaine sont autant de substances nécessaires aux soins du corps humain. Le sang de cheval sauvage, lui, est réservé aux asthmatiques. Ses connaissances constitueront la base de la médecine occidentale jusqu'au XVe siècle.

Oh ne faites pas les dégoûtés : c'est encore lui qui a vanté les mérites de la bave d'escargot encore usitée aujourd'hui en cosmétique.

Dafalgan, mon amour.

Gravure représentant Pline l'Ancien.

Une petite coupe ?

On estime, depuis le Moyen Âge, que les barbiers (les Jean-Louis David de l'époque) manient si bien le rasoir qu'ils se voient qualifiés pour n'importe quelle opération chirurgicale : saignée, incision, amputation… Et tant qu'à faire, ils peuvent tout aussi bien s'occuper de votre dentition. Du coup, jusqu'au XVIIIe siècle (époque de progrès et de réformes), un barbier, un chirurgien et un dentiste, c'est kif-kif.

Pensez-y, la prochaine fois que vous irez chez le coiffeur vous faire rafraîchir la nuque !

Issac Koedijck, *Barbier-chirurgien soignant le pied d'un paysan* (1650), huile sur bois (91 x 72 cm), Johnny van Haeften Gallery, Londres.

Le nez dans la poudreuse…

La mummia, de l'arabe *mūmyā*, est une poudre miraculeuse récoltée directement, comme son nom le laisse suggérer… sur les momies égyptiennes. Techniquement, c'est assez sommaire : à l'aide d'une râpe, on prélève cette poussière noire en grattant la surface d'un cadavre embaumé. Cette poudre, déjà en vogue chez les guérisseurs de l'Antiquité grecque, est ensuite vendue par les apothicaires médiévaux.
Ce médicament combat de nombreux maux : coupures, ulcères d'estomac… ou encore libido en berne. Au XIXe siècle, la mummia entre même dans la composition de la peinture à l'huile afin d'obtenir une belle couleur brune et sombre.
On hallucine…

Paul Dominique Philippoteaux, *Examen d'une momie, prêtresse d'Ammon* (1891), huile sur toile (183 x 274,5 cm), collection privée.

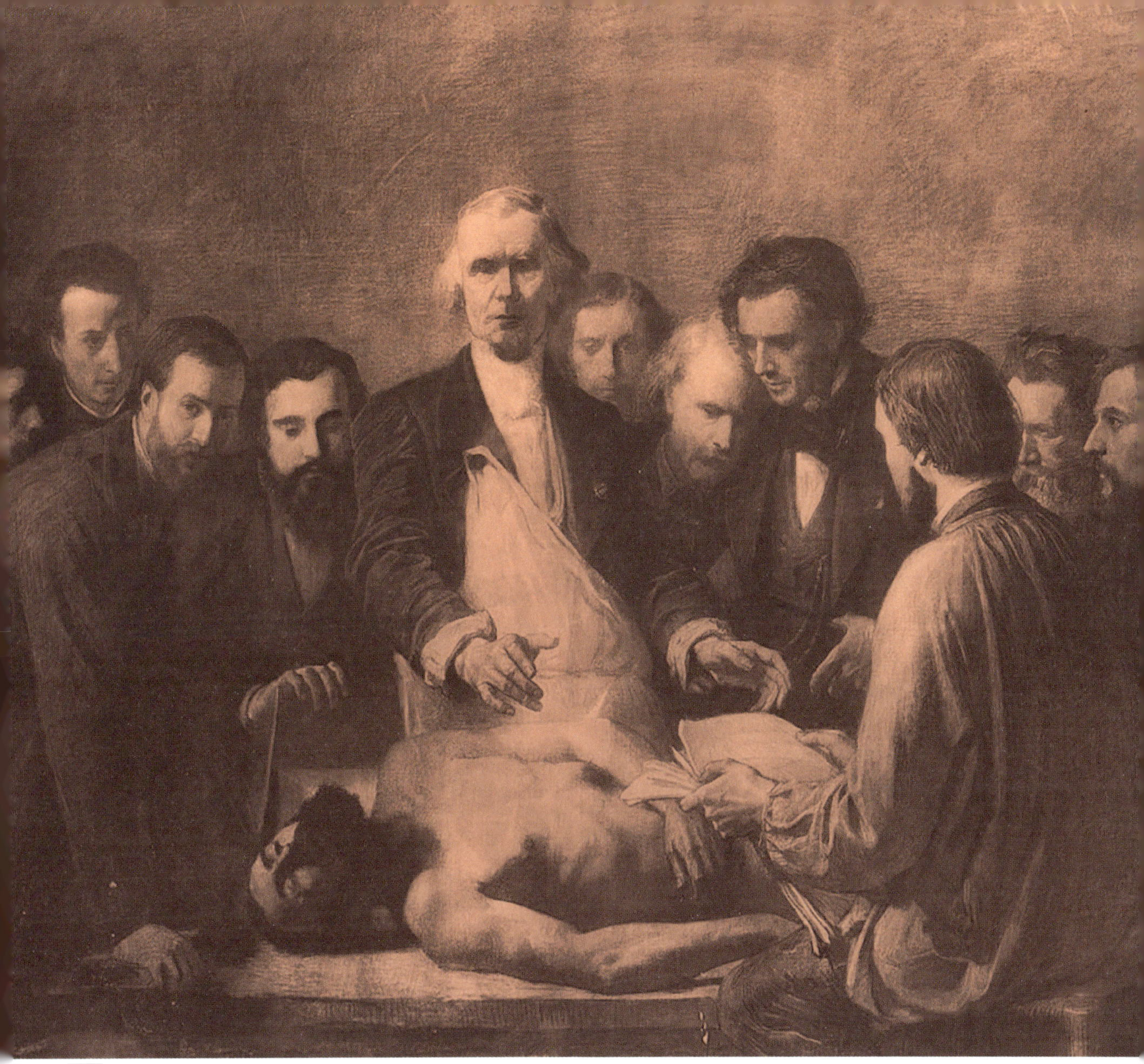

Opération mains propres !

Au début du XIXe siècle, nombreuses sont les femmes qui décèdent juste après avoir accouché de fièvres puerpérales. Une véritable hécatombe (jusqu'à un quart des jeunes mères) qui pousse la direction des hôpitaux à enfermer parfois deux cadavres dans un seul cercueil pour ne pas inquiéter les patients encore en vie.
Mais un médecin hongrois, le docteur Semmelweis (1818-1865), comprend la cause de ces morts en cascade : ses collègues obstétriciens dissèquent des cadavres, puis vont ensuite accoucher des femmes… sans passer par la case lavabo.

Pour avoir dénoncé cette fatale négligence, l'homme sera mis au ban des médecins, incapables d'une remise en question de leur savoir et de leur pratique.
Il faut attendre les années 1885 pour que les « toubibs » se lavent les mains systématiquement avant une opération chirurgicale.

François-Nicolas Feyen-Perrin, *La Leçon d'anatomie du docteur Velpeau* (1860), crayon sur toile (300 x 200 cm), musée de l'Assistance publique-Hôpitaux de Paris.

Gravure représentant un médecin du Saint Empire romain germanique luttant contre la peste en 1656.

Peste soit de la peste – et vice-versa !

Au milieu du XIVe siècle, la peste fait rage : qu'elle soit « grande », « noire » ou « bubonique », elle décime des villes entières. En l'espace de six ans, 30 à 50 % des Européens passent de vie à trépas – soit 25 millions de morts. Pami les symptômes de la « maladie des aines », vous avez le choix des options : fièvre, hémorragie, toux purulente, bubons dans le cou, au niveau de l'aine et sous les aisselles…
Les derniers cas de ce fléau en France ont été déclarés en 1920 et 1945. Aujourd'hui soyez tranquille, a priori il ne reste que quelques pestes dans les cours de récré, mais rien de bien méchant.

Maka-B, partenaire officiel de votre sourire

L'histoire des soins dentaires remonterait au néolithique. Mais la chirurgie dentaire connaît une belle avancée pendant la Renaissance. Pour remplacer les chicots bien pourris de leurs patients par de jolies dents bien blanches, les « « « dentistes » » » de l'époque se fournissaient… à la morgue, en prélevant des ratiches encore saines sur des cadavres. Qu'ils leur enfonçaient ensuite dans les gencives – comment, vous ne voulez pas le savoir… – avec, en guise d'anesthésiant, un clou de girofle dans le bec. Et sans leur dire qu'après ça, ils en seraient réduits à avaler de la soupe toute leur vie durant.

Miniature représentant un dentiste de l'époque médiévale.

Je vous mets le générique ?

Connue depuis l'Antiquité et utilisée jusqu'au XXe siècle, la thériaque est une potion médicale préparée en public par les apothicaires des villes dans un immense vase de faïence, à partir d'environ 80 ingrédients : laurier, chair de vipère, glandes de castor, opium, miel, poisons et contre-poisons… Avec une telle composition, elle vient évidemment à bout de tous les maux-: empoisonnement, essoufflements, insomnies, spasmes, jaunisse, ulcères, peste…
Et on a quand même osé condamner les sorcières…

Frontispice de l'ouvrage intitulé *Thériaque d'Andromachus* (1668) du pharmacien Moyse Charas (1619-1698).

Vérole n'est pas le nom d'une jolie ville d'Italie

Dès le néolithique, probablement en Égypte, la vérole fait des ravages : à force de côtoyer des animaux plus ou moins domestiqués, l'homme contracte des infections de la peau, lesquelles se développent et se transmettent à vitesse grand V par le biais de la salive et autres fluides corporels. On retrouvera même des momies égyptiennes affublées de cicatrices de pustules occasionnées par la vérole !

Puis, l'homme ayant la bougeotte, il commence à se déplacer, à prendre la mer, à tailler la zone. Et forcément, il ne ramène pas que de jolis souvenirs de ses pérégrinations : la vérole, dès cette époque, est aussi du voyage ! Au VIIIe siècle, un tiers de la population du Japon meurt des suites de cette épidémie.

Comme la vérole est sexuellement transmissible, les personnes qui en sont atteintes sont parfois soupçonnées de se livrer au libertinage et aux plaisirs de la chair. C'est le cas entre autres de la marquise de Merteuil dans les *Liaisons dangereuses* de Choderlos de Laclos.

Au XVIIIe siècle, la petite vérole fait des ravages dans les cours d'Europe : elle tue le « Grand Dauphin » (1661-1711), fils de Louis XIV, à l'âge de 50 ans, la reine d'Angleterre Marie II (1662-1694) et Joseph II, empereur du Saint Empire romain germanique (1741-1790), décime une partie de la famille des ducs de Lorraine ou encore le roi Louis XV (1710-1774) à 64 ans.

Et aujourd'hui ? Si, question vérole, le pire est derrière nous, la menace d'un retour n'est pas à écarter. Enfin bon, aujourd'hui, on a aussi nos petits virus dont on se serait bien passé. Merci donc madame la vérole de vous faire oublier…

Gravure représentant les ravages de la variole, extraite de l'ouvrage *Manuel pratique de vaccine à l'usage des jeunes médecins* (1821) de Pierre-Jacques Bergeron de Vasselange.

Glamour, glamour, je t'aime tant

Surnommée la « dame de Beauté » (juste parce qu'elle est châtelaine à Beauté-sur-Marne dans le 9-4... bon, ok, aussi parce qu'elle est canon), Agnès Sorel (1422-1450) est la maîtresse en titre du roi Charles VII. Mais le fils de ce dernier, le futur Louis XI, ne peut pas trop la blairer et la poursuit, épée à la main, dans toute la résidence royale, jusqu'à ce que la jeune femme trouve refuge dans le lit du roi. Sympa, l'ambiance. À la suite à cet « incident », Charles VII chasse son fils et l'envoie dans le Dauphiné pour quelques semaines – semaines qui se mueront en une dizaine d'années.

Puis Agnès Sorel meurt à 28 ans, si soudainement que les soupçons tombent sur le rejeton. Mais de récentes analyses révèlent que son tube digestif était en fait rempli d'œufs de vers et d'une dose mortelle de mercure (100 000 fois plus que la dose thérapeutique), utilisé à l'époque comme remède pour bloquer la croissance de ce parasite.

Bref, ce que je retiens de cette histoire c'est que les beaux-fils ne rigolent pas, et que la « dame de Beauté » avait des vers. Pour le conte de fées, on repassera...

Gravure d'après David Jules représentant Agnès Sorel et le roi Charles VII.

Ah ! c'qu'on est bien dans son bain !

Jean-Paul Marat, médecin et journaliste révolutionnaire, est assassiné en 1793 par Charlotte Corday alors qu'il se trouve dans son bain. Mais pas n'importe quel bain ! Marat souffre de dermite séborrhéique et de staphylocoque doré, deux maladies dermatologiques inflammatoires caractérisées par la présence de plaques rouges recouvertes d'une pellicule blanchâtre sur la peau, obligeant ceux qui en sont atteints à passer des heures entières plongées dans un mélange d'eau et de soufre – imaginez l'odeur insupportable de la salle de bains. En plus de ces infections, Marat se plaint de migraines terribles, partiellement apaisées par la pose d'une serviette imbibée de vinaigre nouée autour de son crâne. « L'Ami du peuple » ne peut désormais plus paraître en public, ses plaies purulentes paraissant trop choquantes aux yeux des Parisiens. Reclus dans ses pénates, il passe la plupart de ses journées plongé dans sa baignoire en forme de sabot, il y travaille et y reçoit même ses visiteurs. On ne s'étonnera donc pas de la présence d'une jeune femme dans sa salle de bain... Certainement pas venue pour lui gratter le dos.

Jacques Louis David, *Mort de Marat* (1793), huile sur toile (165 x 128 cm), musée royal des Beaux-Arts de Belgique, Bruxelles.

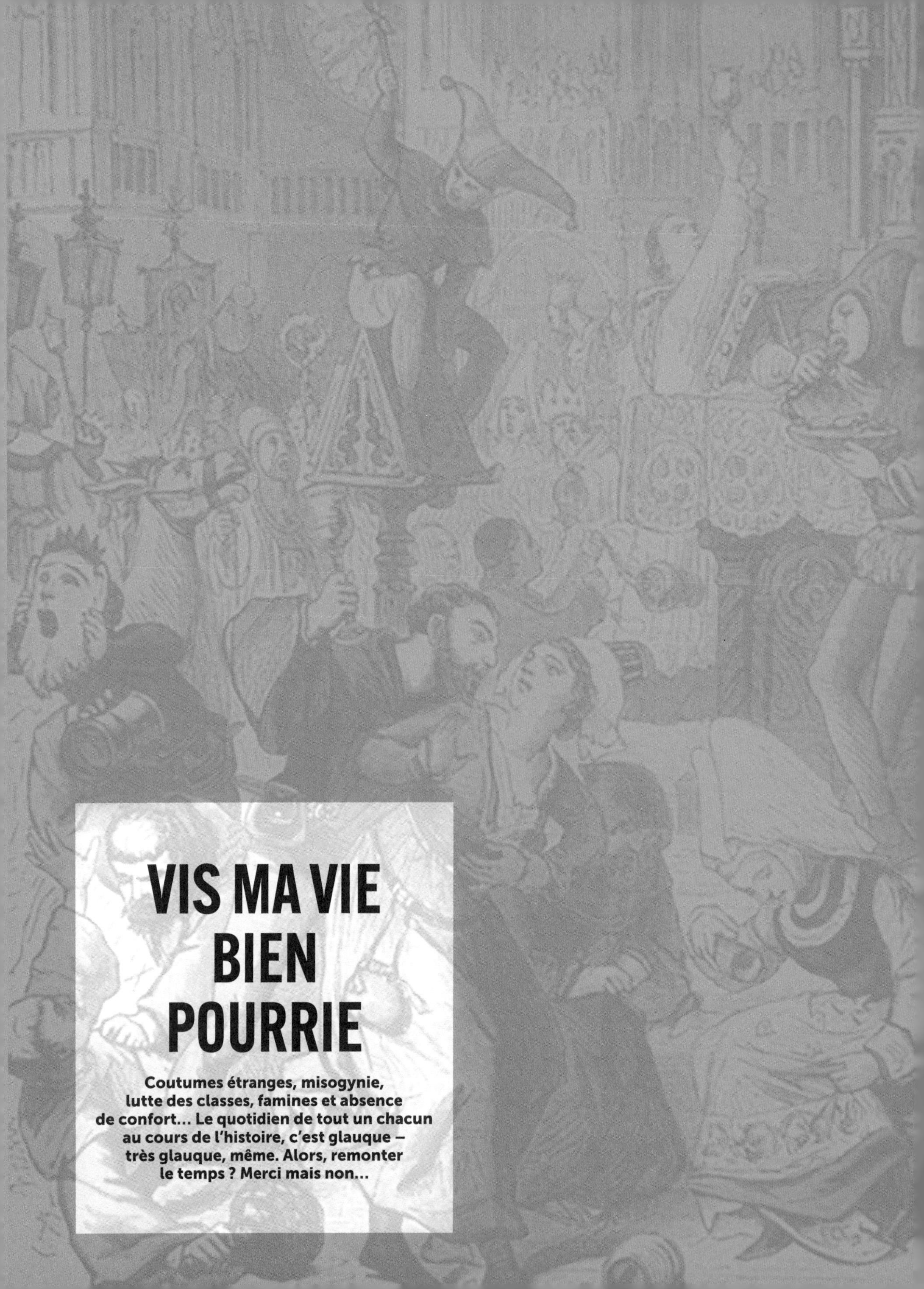

VIS MA VIE BIEN POURRIE

Coutumes étranges, misogynie, lutte des classes, famines et absence de confort… Le quotidien de tout un chacun au cours de l'histoire, c'est glauque – très glauque, même. Alors, remonter le temps ? Merci mais non…

L'enfant tarde à paraître ? Faites-vous donner le fouet !

Dans l'ancienne Rome, lors des Lupercales, des prêtres sacrifient un bouc aux alentours du 14 février afin de clôturer l'année en beauté. Oui, à cette époque, le Nouvel An se fête en mars.
Deux jeunes Romains sont désignés pour assister à la cérémonie (ça, ça va), se faire barbouiller le front du sang de la bête (ça, ça va moins) et se voir remettre des lanières en peau de bouc (attendez, c'est là que ça pique...). Armés de ces martinets, les deux gars parcourent la ville en riant aux éclats et en fouettant les femmes qu'ils croisent sur leur passage. Mais attention, on n'est pas des sauvages ! Ces femmes ne sont pas choisies au hasard : seules recevront la correction celles qui souhaitent un enfant dans l'année. Cette étrange manifestation, carrément débridée, n'a pour seul but que de les rendre fécondes. Si c'est pour rendre service, alors...

Andrea Camassei, *Les Lupercales* (1635), huile sur toile (238 x 366 cm), musée du Prado, Madrid.

Plus on est de fous...

En France, au XIIe siècle, le clergé organise chaque fin d'année autour du 25 décembre, une fête lors de laquelle tout est permis, y compris tourner en ridicule les institutions – au premier rang desquelles notre Mère l'Église. Élus par le peuple, des prêtres bidons se pavanent dans la rue au son de chansons obscènes, mangent des saucisses sur un autel ou sont promenés dans des charrettes de bouse. Les laïcs font aussi les frais de la rigolade : des villageois sont tirés du lit par la foule en délire qui les fait défiler nus et les arrose de baquets d'eau. Fin décembre, hein, on le rappelle.
Cette fête, communément appelée « fête des Fous », est un peu l'ancêtre de notre Carnaval actuel. Victor Hugo y fait référence en ouverture de *Notre-Dame de Paris* (1831), et les adaptations modernes du fameux roman (le dessin animé *Le Bossu de Notre-Dame* et la comédie musicale de 1998) mentionnent également cette tradition.
Malheureusement, des mesures sont prises pour stopper ce charivari quelque temps plus tard, au XVIe siècle. Dommage, on savait s'amuser à cette époque...

(Haut) Représentation d'acteurs, mimes et jongleurs illustrant le frontispice du manuscrit *Térence dit de Martin Gouge* (1407).

Dormir d'un sommeil de... pierre

Dans l'Égypte ancienne, le confort... connaît pas. Les oreillers de l'époque sont en réalité des appuie-tête de pierre principalement, d'une hauteur de 20 centimètres. C'est une hypothèse avancée par de nombreux historiens, basée sur les appuie-tête retrouvés dans les tombeaux égyptiens.
En même temps, quand on voit la tronche de Bès, leur dieu du sommeil, on comprend que les Égyptiens d'alors ne dorment que d'un œil...

(Haut) Statuette du dieu Bès, musée d'art de Cleveland.
(Bas) Bas-relief du temple d'Hathor (Dendérah, Égypte) représentant le dieu Bès.

Quels sacrés numéros !

Le couple royal Louis XV et Marie Leszczyńska donne naissance en l'espace d'une décennie à dix enfants : huit filles et deux fils, qui donneront du fil à retordre à leurs parents. La fratrie infernale se liguera même contre les maîtresses du paternel, n'hésitant pas à se moquer de madame de Pompadour.
Selon l'étiquette, une fille de France se fait appeler « Madame ». Mais comment faire en présence de plusieurs demoiselles ? Les géniteurs opteront pour un système simple : les filles seront numérotées, par ordre de naissance. Nous aurons donc Madame, Madame Seconde, Madame Troisième… et ainsi de suite jusqu'à Madame Septième, la huitième mouflette. De plus, comme leur éducation coûte cher, les quatre dernières sont envoyées à l'abbaye de Fontevraud.
Louis XV a donc choisi de diviser la fratrie – pour mieux régner… en paix ?

François-Hubert Drouais, *Mesdames Victoire, Sophie et Louise*, château de Versailles.

C'est la street vérité !

Les cités françaises, durant la période médiévale, c'est chaud. On évite d'y traîner le nez en l'air le long de boyaux sombres, étroits, sales et dangereux. Certains noms de rues attestent encore de la réalité de la vie de l'époque : rue de la Truanderie à Paris, rue de Tranchebourse à Besançon, rue Foireuse à Angoulême… Ou dans un autre genre, la ruelle du Pipi à Châlons-sur-Marne, le passage Merdeux à Niort et l'impasse des Aisances dans plusieurs villes.
On continue la visite ?

Pieter Brueghel l'Ancien, *Le Combat entre carême et carnaval* (XVIe s.), peinture sur bois (119,5 x 169 cm), musée d'histoire de l'art, Vienne (Autriche).

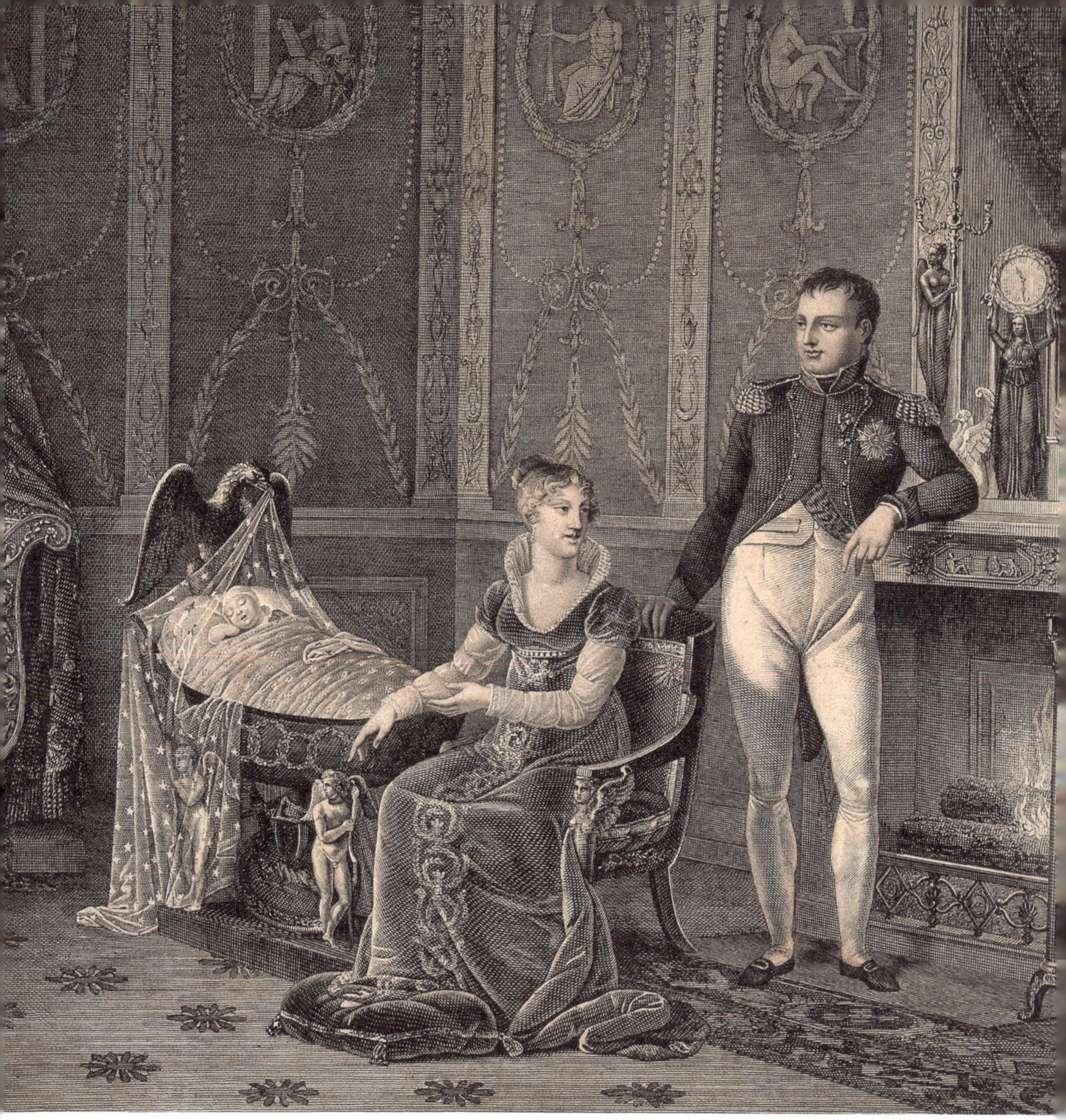

Gravure représentant le couple impérial veillant sur le futur roi de Rome (XIXe s.).

Qu'importe le flacon...

En 1810, Napoléon épouse Marie-Louise Léopoldine Françoise Thérèse Josèphe Lucie de Habsbourg-Lorraine – mais on va l'appeler Marie-Louise –, fille de l'empereur François Ier, afin d'apaiser les tensions entre la France et l'Autriche, en guerre depuis 1792.

Mais qui dit « mariage impérial », dit « mariage politique »... donc, pas question d'amour ici. D'autant plus que notre souverain n'a toujours pas d'héritier (c'est d'ailleurs la raison pour laquelle il a « viré » Joséphine).

Voilà pourquoi Napoléon justifiera son union avec Marie-Louise en ces termes : « C'est un ventre que j'épouse ». Sympa, c'est toujours valorisant.

L'Empereur tentera ensuite de se rattraper, conseillant à l'un de ses officiers d'épouser une Allemande : « Ce sont les meilleures femmes du monde, douces, bonnes, naïves et fraîches comme des roses. »

Il avait décidément le sens de la formule...

Femmes hors jeu

À Olympie, durant la tenue des jeux panhelléniques créés à partir du VIIIe siècle avant notre ère, les athlètes grecs sont nus. Ils doivent en effet incarner un idéal d'harmonie et d'équilibre entre le corps et l'esprit. Enduits d'huile d'olive et recouverts de sable fin (pour réguler la température corporelle et éviter les coups de soleil), les hommes sont les seuls à pouvoir participer aux épreuves. Les femmes, elles, ne peuvent ni concourir, ni assister au spectacle si elles ne sont pas mariées. C'est vrai qu'il y a de quoi s'émoustiller : quoi de plus sexy qu'un athlète gaulé comme un poisson pané ?

Que c'est vilain !

Pas facile d'être pauvre en France au Moyen Âge... Parmi les inconvénients de cette condition, l'impossibilité de pratiquer le jeu de paume, ancêtre du tennis, comme tous les gens un peu à l'aise – avec des raquettes. Trop cher, ben oui. Donc les manants n'ont pas d'autre choix que de jouer à mains nues (aïe) d'où l'expression qui colle bien la honte, « Jeu de mains, jeu de vilains » (aïe, aïe). Ça ne s'améliore pas au XVIIe siècle, quand des filous s'amusent à remplir leurs balles de cailloux pour blesser l'adversaire. L'un des frères de Montaigne perdra la vie à ce petit jeu (aïe, aïe, aïe).

Gravure représentant un « gentilhomme jouant à la paume sous Henri III en 1586 ».

Tu t'appelles comment, citoyen ?

Sous la Révolution, on débaptise les noms de rues à consonnance aristocratique ou religieuse. Ainsi en 1792 à Paris, la rue de la Comtesse-d'Artois (dernière épouse de Robert II d'Artois, neveu de Louis IX) devient rue Montorgueil, en « hommage » au caractère hautain de la ci-devant comtesse. Les prénoms subissent le même « Ancien-Régime-washing » : toute référence aux apôtres est bannie et remplacée par des prénoms glorifiant, entre autres, la vie simple et saine de la campagne. Ainsi naîtront des Violette, Prune ou Églantine... mais aussi des Oignon, Artichaut, Dindon ou encore Fumier, Bouillon-Blanc et Sanculottide.
Si les premiers prénoms sont restés, les autres, heureusement, n'ont pas survécu à la Révolution.

Calendrier républicain de l'an II, musée Carnavalet, Paris.

Le ciel leur est tombé sur la tête

En 1692, il pleut à Paris. Banal, me direz-vous… En réalité, pas vraiment : il a plu sans discontinuer du 7 juin au 11 juillet.
Le 6 janvier 1709, les Français grelottent dans leurs lits. Un froid glacial (jusqu'à -18 °C !) s'est abattu sur tout le royaume alors en guerre pour la succession d'Espagne. Durant 11 jours, le « Grand Hiver » détruit les vergers, les champs de vignes et de blé, et provoque une importante famine. Cette météo impitoyable et ses funestes conséquences causeront la mort d'environ 600 000 personnes sur l'année 1709.
Avant non plus, y'avait plus d'saison.

Pieter Brueghel l'Ancien, *Chasseurs dans la neige* (1565), huile sur panneau (117 x 162 cm), musée d'histoire de l'art, Vienne (Autriche).

Hey ho, hey ho, on rentre du boulot !

Au début du Moyen Âge, dans les provinces du Poitou, du Dauphiné, du Berry ou du Val de Loire, la demande croissante de minerai de fer entraîne l'apparition d'une nouvelle catégorie de travailleurs : les mineurs.
Le métier de la mine, très physique et dangereux, est généralement réservé aux serfs, « propriétés » des plus grands seigneurs du royaume. Ces hommes portent à longueur de journée (en moyenne 15 heures par jour) des sacs de 70 kg dans les profondeurs des galeries pouvant à tout moment s'effondrer, être inondées, envahies par la poussière ou exploser. Dans cet environnement chaud et humide, les mineurs souffrent d'insuffisance respiratoire et cardiaque, de problèmes de peau – sans compter les accidents.
Il faudra attendre 1813 pour que ces lamentables conditions de travail soient prises au sérieux : désormais, les mineurs doivent obligatoirement se munir d'une trousse de secours… et en 1832, enfin, de vrais centres de soins sont créés. La dernière de ces mines sera fermée en 2004.

Gravure représentant une mine dans le vallon de la Minière (Alpes-Maritimes).

Un mariage vraiment merdique

Vers le milieu du XIXe siècle, le journaliste Rodolphe Apponyi rapporte une anecdote peu commune : le mariage entre Mlle de Lacrotte et… M. de Montcuq. Par cette heureuse union, la jeune femme devient alors Mme Lacrotte-de Montcuq. Il faut donc qu'elle soit bien amoureuse de son futur… Mais son prévenant époux demandera officiellement au roi Louis-Philippe de changer son propre nom en Cumont afin d'éviter toute moquerie.
Classe.

Fleuret d'après Simon-François Blocquel, *La Mariée de ville* (v. 1830), gravure (27,1 x 44,2 cm), Mucem, Marseille.

Money, Money, Money

Taxes et impôts en tout genre ont toujours ponctué le cours de l'histoire. Mais la période médiévale se distingue par la création des tailles, ces impôts directs sur les personnes et les biens, parmi lesquels la gabelle, pour la vente du sel, mais aussi le brouage pour sa fabrication, la dîme, prélevée localement par l'Église sur une bonne partie des récoltes des paysans, le droit d'abeillage réglementant l'installation et l'utilisation des ruches, ou de pacage applicable au droit de pâture – et tant d'autres encore... Plus tard en Angleterre, une taxe sur la barbe est instituée par le roi (barbu !) Henri VIII tandis qu'au XVIIIe siècle, ce sont les porteurs de perruques qui devront mettre la main au gousset.

Gravure du XVe s. représentant un pont à péage au Moyen Âge, d'après un vitrail de la cathédrale Notre-Dame de Tournai (Belgique).

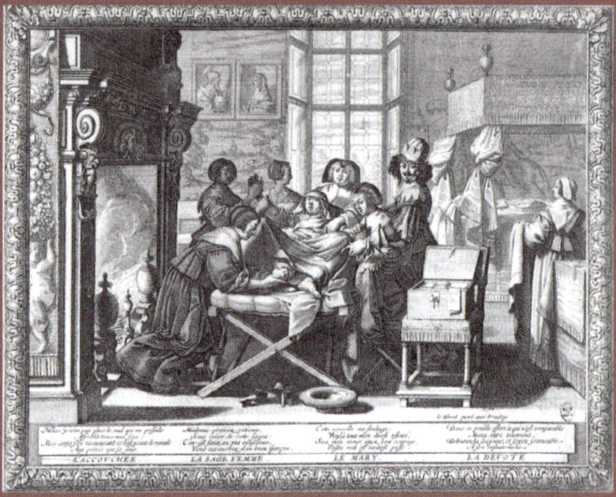

Délivrance

Au temps du Roi-Soleil, « les femmes grosses ont un pied dans la fosse », comme dit le proverbe. Si les accouchées ont la chance de ne pas mourir durant leur travail, la douleur de la délivrance est telle que certaines tournent de l'œil. C'est le cas de madame de Sévigné, confiant à sa fille en 1671, que cette souffrance est comparable au supplice de la roue.

Dans cette épreuve, toutes les mères du royaume doivent endurer, qui une césarienne sans anesthésie, qui une infection provoquée par l'extraction du placenta à la main, qui une hémorragie car, dixit l'homme d'église Antoine Furetière (1619-1688), « les travaux de l'accouchement sont une des peines du péché originel. »

Ou comment justifier l'injustifiable.

Abraham Bosse, *Le Mariage à la ville – l'accouchement* (1633), eau-forte, musée Carnavalet, Paris.

Avoir commerce avec le diable

Au Moyen Âge, les forgerons sont très mal vus : travaillant le feu, l'air et l'eau à longueur de journée, leurs échoppes rougeoyantes foutent un peu la trouille aux passants. Soupçonnés d'avoir commerce avec le diable, les forgerons sont priés de travailler le plus loin possible des habitations.

« Marteau », vous avez dit « marteau » ?

Gravure (XIXe s.) représentant un forgeron au travail.

De la poudre aux cheveux

Sous le règne de Louis XVI, les perruques poudrées sont à la mode. Les plus riches se servent de poudre d'Argentine tandis que les Français aux revenus plus modestes donnent le change en se rabattant sur la sciure de bois pourri ou la farine, laquelle viendra cruellement à manquer dans tout le royaume dans les années 1780. Cette farine utilisée à outrance (les perruques en étaient si alourdies qu'elles pesaient parfois 1 kg) aurait permis de nourrir 10 000 pauvres, si elle n'avait été saupoudrée sur le crâne de ces messieurs-dames.

Philibert Louis Debucourt, d'après Carle Vernet, *La Toilette d'un clerc de procureur* (1816), gravure (36,2 x 26,2 cm), musée Carnavalet, Paris.

MORTEL !

Depuis le temps qu'elle parcourt le monde en quête de nos derniers souffles, La Faucheuse a bien des anecdotes à raconter – et pas des moindres : tombes profanées, morts mystérieuses, reliques nauséabondes… Ne cherchez plus ! Ce chapitre regorge d'histoires à dormir debout qui risquent fort de vous ôter le sommeil.

Abraham Cooper, *La Bataille de Bosworth* (1790), huile sur toile (50,8 x 65,1 cm), Dallas museum of Art.

Better late than never

Le roi d'Angleterre Richard III meurt au combat en 1485. Mais depuis cette date, on ignore où le souverain a été enterré. Après des années de recherches, des archéologues parviennent à la conclusion que les restes du souverain anglais sont ensevelis... sous un parking municipal à Leicester. Bien qu'une chapelle ait été autrefois élevée à cet emplacement et ce jusqu'au XVIe siècle, comment a-t-on pu en venir à penser que sous un vieux parking moisi gisait une dépouille royale ??? Bref, on creuse. Jusqu'à exhumer un squelette reposant dans une tombe anonyme.

Après maintes analyses, la lumière jaillit : le squelette du parking est bien celui du roi, tué lors d'une bataille à Bosworth ! Et cette découverte met au jour bien des secrets... Le monarque a été tué d'un coup de hallebarde, il souffrait d'une grosse scoliose et était bossu. Un portrait fidèle de son visage a pu être établi. Ah oui, on a aussi appris ce qu'il avait mangé la veille de sa mort.
C'est donc en 2015 qu'on enterre dignement le roi dans la cathédrale de Leicester – en présence notamment de Benedict Cumberbatch, son descendant. Et ouais.

Botanique, nique, nique

Connue depuis l'Antiquité, la mandragore est une plante toxique qui possède une étrange particularité : la forme de sa racine évoque un corps humain ! Selon une croyance médiévale, elle se met à crier lorsqu'on tente de l'arracher de terre (les fans d'*Harry Potter*, ça ne vous rappelle rien ?).
Elle est également dotée de sacrés pouvoirs : ingérée, elle vous assèche la bouche, vous endort, vous plonge dans un état hallucinatoire avant de provoquer un arrêt respiratoire, puis la mort.
Le plus dégueu : on la trouve souvent au pied des gibets et des potences, car la légende veut qu'elle naisse de la semence des pendus.

Illustration à l'aquarelle de racines de mandragore (mâle et femelle), gingembre et aunée, extraite d'un manuscrit du XVIe s.

Le veuf joyeux

Georges et Gabrielle Danton sont mariés depuis 1787. Hélas, Gabrielle, enceinte de leur quatrième fils, meurt en couches en février 1793. Georges est en déplacement, et vu qu'à l'époque, il n'y a ni téléphone ni Minitel ni rien, il n'est prévenu qu'une semaine plus tard.
Sans aucune hésitation, il se rend au cimetière pour faire exhumer la dépouille de sa femme, enlacer et embrasser son cadavre, et lui demander de lui pardonner ses écarts. Mieux vaut tard que jamais… Ah, il profite aussi de l'occas' pour faire un moulage en plâtre du visage de la défunte. Danton oubliera son chagrin dans les bras de Louise Gély (qui s'occupait des enfants du couple) en l'épousant en juillet de la même année. Faites le calcul.

Jacques Louis David, *Antoinette Gabrielle Charpentier* (1793), huile sur toile, église Sainte-Madeleine, Troyes.

Ari Scheffer, *La Mort de saint Louis* (1817), huile sur toile (146,6 x 179 cm), Los Angeles County Museum of Art.

Saint Louis à la casserole !

En 1270, Louis IX, malade de la peste, meurt en pleine VIIIe croisade à Carthage. Le problème, c'est que sa dépouille doit être rapatriée en France par bateau. C'est un long voyage, et en plein mois d'août, je ne vous fais pas un dessin quant à l'action de la chaleur sur un cadavre. C'est alors qu'une idée de génie germe parmi l'entourage du défunt roi : confions au coq (le chef cuisinier à bord d'un navire) le soin de conserver le corps du royal défunt ! Ni une, ni deux, « le Prudhomme », démembré, mijote jusqu'à ce que sa chair se détache des os et puisse être mélangée à du gros sel pour éviter la putréfaction. C'est donc grâce à cette technique d'excarnation appelée *mos teutonicus* ou *mos gallicus* que Louis IX est rentré chez lui, à Paris.

Je vous rafraîchis la nuque ?

On est en 1789, le peuple gronde, la torture est désormais abolie par le roi depuis près de dix ans et on cherche un moyen plus rapide et plus égalitaire d'exécuter les condamnés. Eh oui, la *Déclaration des droits de l'homme et du citoyen* est passée par là.
Joseph Guillotin (1738-1814) est super chaud : il plaide donc devant l'Assemblée en faveur de cette invention. « Avec [cette] machine, je vous fais sauter la tête en un clin d'œil et vous ne souffrez point. » rapporteront goguenards les journaux français de l'époque.
On pourrait croire que la guillotine est l'œuvre du bon docteur Guillotin et qu'elle est une invention nationale. Mais que nenni ! La « veuve » a été conçue par Antoine Louis, un ami chirurgien de Guillotin, lequel a « pompé » les Anglais, les Écossais et les Italiens qui, depuis le XVIe siècle, avaient déjà respectivement inventé « the Halifax Gibbet », littéralement « Le gibet d'Halifax », « the Scottish Maiden », en français « la jeune fille écossaise » et la *mannaia* italienne, « le couperet ».
Pour résumer, l'invention de la guillotine n'est pas spécialement française. C'est son utilisation en masse, pendant la Révolution, qui est une spécificité *made in France* : plus de 15 000 personnes seraient passées sous le « rasoir national » selon la *Liste des guillotinés* de Louis-Marie Prudhomme, journaliste de ces années terribles.

(Haut) Portrait de Joseph Ignace Guillotin (XVIIIe s.), musée Carnavalet, Paris.
(Bas) Gravure de 1789, ainsi légendée « Machine proposée à l'Assemblée nationale pour le supplice des criminelles [sic] par M. Guillotin ».

Défense d'entrer, propriété privée

De récentes recherches archéologiques ont prouvé que les Celtes décoraient leurs camps avec les têtes d'ennemis vaincus, ramenées directement des champs de bataille. Afin de décourager des voisins trop belliqueux ou de vanter les mérites de leurs propriétaires auprès de leurs copains, ces tributs étaient même embaumés, histoire de se les filer de génération en génération. On a retrouvé ces têtes de plus de 2000 ans en Provence, dans le Gard ou la Somme.
Ça a quand même plus de gueule qu'un « Attention au chien », non ?

Écosse – Guerrier picte du temps de César, gravure du XIXe s.

Une nuit à l'Opéra

À la fin de l'année 1873, la légende raconte qu'un pianiste et une ballerine auraient péri dans l'incendie de l'opéra Le Peletier, à Paris. Le feu consume le bâtiment pendant près de vingt-quatre heures : si la ballerine ne survit pas à la catastrophe, son amant, le pianiste, défiguré par ses brûlures et fou de désespoir, court se cacher dans les sous-sols du nouvel opéra encore en travaux, j'ai nommé l'Opéra Garnier.
L'homme aurait alors passé le reste de sa vie à jouer du piano dans les souterrains du palais, jusqu'à mourir seul, à l'abri des regards. Quelques années plus tard, en 1896, un grand lustre tombe sur un spectateur, qui meurt sur le coup. L'Opéra Garnier s'élève sur les ruines encore fumantes d'un terrible drame, et cette image de bâtiment maudit lui colle à la peau : chutes mortelles, suicides et autres épisodes dramatiques se succèderont d'ailleurs entre ses murs. Cette dramatique histoire inspire Gaston Leroux, dont le célèbre *Fantôme de l'Opéra* publié en 1910, ajoute encore à la légende noire du temple de la musique.

Carte postale représentant l'Opéra Garnier (v. 1890-1900).

D'après Maurice Quentin de La Tour, *François Marie Arouet de Voltaire, dit Voltaire (1694-1778), tenant un exemplaire de* La Henriade (1736), huile sur toile (61 x 51 cm), château de Versailles.

Écœurant !

La statue de Voltaire, réalisée en 1781 par Houdon, trône depuis 1924 au beau milieu du salon d'honneur de la Bibliothèque nationale Richelieu. Mais en 2010, à l'occasion de travaux, la statue est déplacée.
S'en dégage alors une odeur pestilentielle. On descelle la plaque du socle pour en sortir un coffret en bois… où repose dans un bocal depuis 1864 le cœur du philosophe, conservé dans une solution alcoolisée. Le liquide ayant fui, l'organe se décompose à vitesse grand V… et pue la mort. Tout s'arrange en 2016 : le cœur retrouve son bocal, le bocal son coffret, le coffret le socle de la statue, et la statue son hall d'honneur. Et l'odeur ? Un mauvais… souvenir !

Attraction fatale

Adam Lux (1765-1794) est un philosophe et précepteur d'origine bavaroise qui épouse dès 1789 les idéaux de la Révolution française. Mais le jeune homme exalté joue de malchance en choisissant d'abord de rejoindre les Girondins au moment de leur disgrâce politique, puis en s'amourachant d'une contre-révolutionnaire notoire : Charlotte Corday. La jeune femme, qui a refroidi Marat dans sa baignoire, est conduite, le 17 juillet 1793, sous escorte jusqu'à l'échafaud, place de la Révolution. Parmi les témoins qui assistent au passage de la sinistre charrette, Robespierre, Danton, Desmoulins et… Adam Lux.

C'est à ce moment-là que ce dernier décide de consacrer plusieurs articles à la mémoire de la condamnée et suggère même de faire ériger une statue à sa gloire. De l'audace, toujours de l'audace ! En fait, il n'a qu'une idée en tête : suivre Charlotte Corday dans la mort… en perdant la sienne – de tête (vous suivez ?). Ce qui sera chose faite, quatre mois plus tard.

François Bonneville, gravure représentant Adam Lux (fin XVIIIe s.).

La reine est morte, vive la reine !

C'est en 1339 qu'Inés de Castro rencontre le prince héritier du Portugal, Pierre (dit « le Justicier »). Elle en tombe éperdument amoureuse mais l'homme – pas de bol – est déjà marié. Oui mais – coup de bol – la passion est réciproque.
La liaison entre la dame de compagnie et le beau Pedro n'est pas du goût du roi Alphonse IV – pas de bol –, qui décide d'exiler Inés. Le temps passe (sans que la passion ne trépasse) et la femme de l'héritier meurt en couches : la place est libre pour Inés – Et là, coup de bol ? Non, énorme scandale dont les conséquences politiques menacent d'ébranler le royaume !
Pour mettre un terme à cette chienlit, le roi fait assassiner Inés de Castro en janvier 1355. Fou de douleur, Pedro décide de se venger et allume contre son père les feux de la guerre civile. Devenu roi en 1357, il retrouve les assassins de celle qu'il a épousée en secret et leur fait arracher le cœur.
La légende raconte même que Pierre Ier de Portugal aurait fait déterrer le corps d'Inés pour la couronner et l'installer sur le trône royal afin que tous les seigneurs du royaume viennent lui baiser la main.
Ce qui est sûr en revanche, c'est qu'il a fait ériger en son honneur un magnifique tombeau, qu'on peut toujours admirer dans le monastère d'Alcobaça, près de Lisbonne. Comment ça se dit « amour » en portugais ?

Pierre-Charles Comte, *Le Couronnement d'Inés de Castro en 1361* (1849), huile sur toile (128 x 95 cm), musée des Beaux-Arts, Lyon.

Arthur, où t'as mis l'corps ?

La ville de Dijon détient d'incroyables trésors : les magnifiques cénotaphes des ducs de Bourgogne, visibles au sein du musée des Beaux-Arts. Mais qui dit « cénotaphe », dit « absence de corps ». Et ces corps, alors, où sont-ils ?

Au départ, les neuf cercueils de plomb renfermant les dépouilles des ducs, de leurs épouses et de quelques hauts dignitaires sont enterrés dans la crypte de la chapelle de la Chartreuse de Champmol aux XIVe et XVe siècles. Jusqu'ici, tout va bien.

Puis un jour, lors de la Révolution française, un gars est missionné pour déplacer ces cercueils au sein de la cathédrale Sainte-Bénigne de Dijon. Comme il s'estime mal payé, l'idée lui vient d'en récupérer le plomb pour le revendre. Et le mic-mac commence : pour libérer certains cercueils, il entasse plusieurs corps dans une seule boîte, fourgue un cadavre dans un cercueil qui n'est pas le sien... et c'est parti mon kiki ! Les cercueils sont transférés et personne ne se rend compte de rien...

... jusqu'en 1841. La Commission des antiquités demande à faire une analyse des corps. On perce le cercueil du duc Philippe le Hardi, par lequel on aperçoit un bout de robe – la tenue de cérémonie dans laquelle il a été enterré, pense-t-on... On procède différemment avec le cercueil d'à côté, qui renferme le corps de son fils, Jean sans Peur, qu'il faut ouvrir complètement pour en déloger le squelette et réaliser un moulage du crâne fendu par un coup de hache.

Mais quelques années plus tard, en 1903, l'inspecteur des Eaux et Forêts Cyprien Monget remet en question les conclusions des dernières analyses : l'homme du premier cercueil est-il vraiment Philippe le Hardi ? Le crâne de son rejeton a-t-il réellement été fendu d'un coup de hache ? Et d'ailleurs, ce squelette est-il bien celui de Jean Sans Peur ? Bref, le bazar recommence et là, cette fois, on ose ouvrir le cercueil du Hardi. Et, surprise ! Le corps du duc est en réalité celui... d'une femme !

Depuis, le mystère demeure... et n'est pas près d'être résolu.

Auguste Mathieu, *La Salle des gardes au musée de Dijon en 1847* (v. 1850), huile sur toile (96 x 115 cm), musée des Beaux-Arts, Dijon.

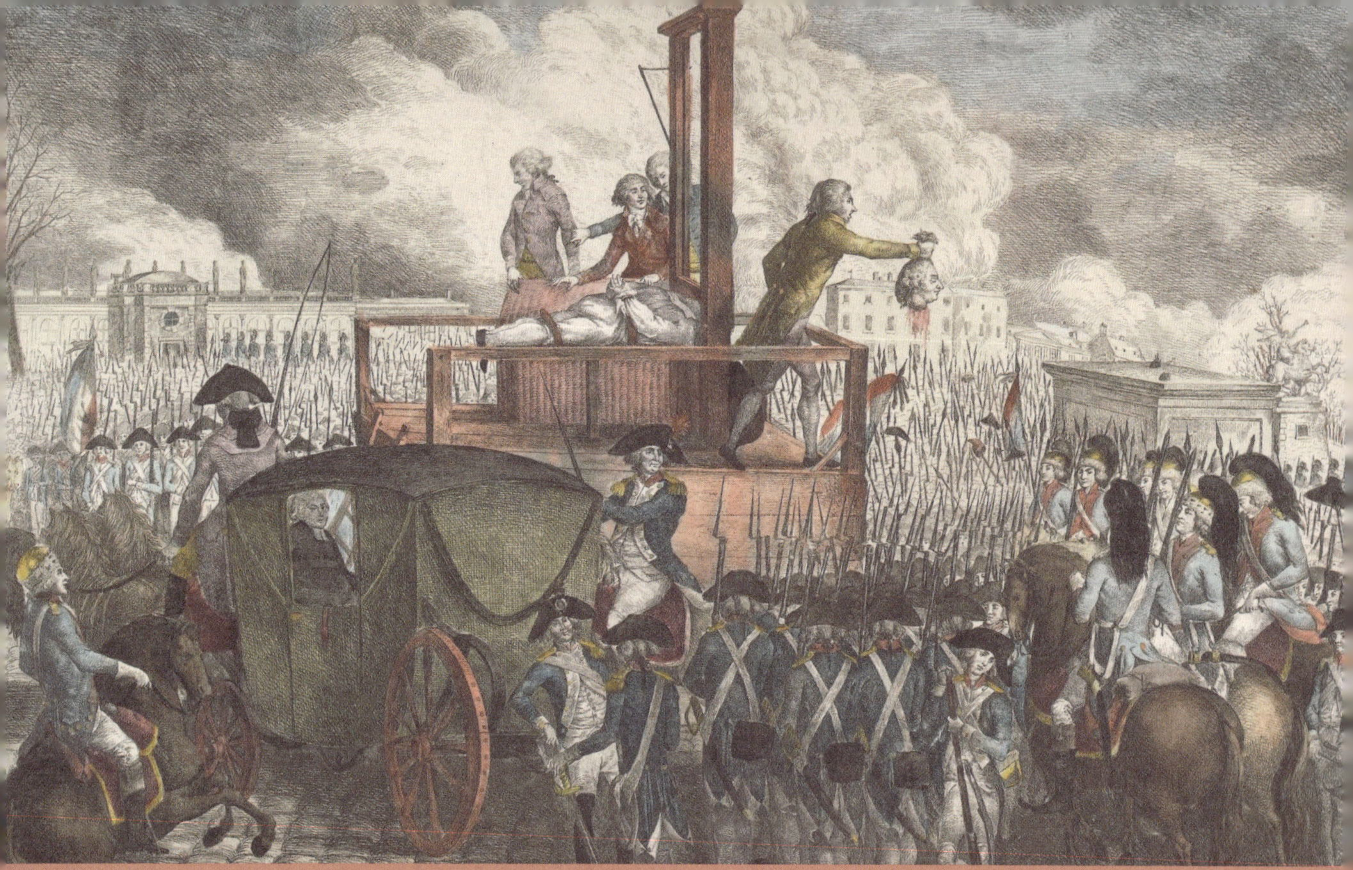

Accident du travail

Bourreau, c'est une profession héréditaire : les pères apprennent à leurs fils tous les rouages de ce métier quand même hyper précis. Les héritiers sont formés sur le tas (sur l'échafaud directement) en devenant aide-bourreau. Leur mission ? Montrer au peuple la tête du supplicié en la tenant par les cheveux (ou par l'oreille si le gars est chauve !). Le métier se transmet donc de génération en génération. C'est ainsi que les Sanson deviennent l'une des plus illustres familles de bourreaux *made in France*.

Mais c'est aussi une profession à haut risque ! Un jour de l'an de grâce 1792, Gabriel Sanson, fils du bourreau Charles-Henri Sanson, s'apprête à exhiber l'une des têtes fraîchement décapitées par son père. Mais il glisse sur le sang répandu au pied de la guillotine, se brise la nuque et meurt sur le coup. C'est son frère Henri qui prendra la relève. Rassurés ?

Gravure ainsi légendée « Exécution de Louis Capet, XVIème du nom, le 21. janvier 1793 », musée Carnavalet, Paris.

Ding, dingue, dong !

De tout temps, en Occident, la peur d'être enterré vivant nous donne des sueurs froides. Alors, on se creuse la cervelle pour alerter qui de droit si l'on devait se réveiller après un long somme bien à l'étroit dans un cercueil, six pieds sous terre. Au XVIIIe et au XIXe siècle, en Allemagne, on attache aux doigts du défunt une cordelette reliée à une petite cloche pour avertir un gardien en cas d'erreur de diagnostic.
Moi, de toute façon, je me fais enterrer avec mon portable... en espérant qu'il y ait du réseau là-dessous !

Antoine Wiertz, *L'Inhumation précipitée* (1854), huile sur toile (160 x 235 cm), musée Wiertz, Bruxelles.

Une enquête sans queue ni tête

En 1793, les révolutionnaires parisiens montent à la basilique de Saint-Denis pour en découdre avec ce qui reste des rois et reines de France : leurs tombes sont profanées et leurs dépouilles finissent dans une fosse commune, arrosées de chaux. On raconte même que le cadavre d'Henri IV aurait été plaqué contre un mur et giflé.

Le temps des révoltes passe, vient celui de la Restauration : en 1817, Louis XVIII, indigné des agissements révolutionnaires, fait exhumer les corps de la fosse commune pour les replacer dans la basilique. Mais stupeur : il manque trois têtes, dont celle du roi Henri précédemment souffleté.

Plus tard, en 1919, trois crânes anonymes sont mis en vente à l'Hôtel Drouot. Joseph-Émile Bourdais, brocanteur à ses heures perdues, les achète alors pour 3 francs… et se persuade que l'un d'entre eux est celui du Vert-Galant. Il tente alors de le refourguer sans succès à plusieurs musées (dont le Louvre) – mais les spécialistes nourrissent de gros doutes sur l'authenticité de la relique…

Bien à l'abri dans un coffre-fort parisien, le crâne présumé d'Henri IV est, depuis 2010, la propriété du prince Louis de Bourbon. Et le mystère reste entier… Même si l'on a pu prouver que cette « tête » a bien été séparée de son corps longtemps après le décès de son « propriétaire », établir que celui-ci, comme Henri IV, a fini sa vie quasiment édenté, trouver que son nez, légèrement bosselé pouvait ressembler à celui du feu roi, le crâne, daté du XVIe siècle (grâce au carbone 14) ne peut toujours pas être reconnu comme celui du souverain français. D'autant plus que la teneur en plomb du cercueil rend inexploitable toute analyse ADN.

En somme, une grosse prise de tête pour pas grand-chose…

Gravure d'Alexis Chataignier, d'après Théodore Basset de Jolimont, *Henri IV exhumé* (1817), eau-forte (40,5 x 29,3 cm), musée national du château de Pau.

Pourri soit le fruit de ses entrailles

Madame de Montespan, favorite du roi Louis XIV compromise dans l'Affaire des poisons quitte Versailles et se retire au couvent de Saint-Joseph jusqu'à sa mort en 1707, à l'âge de 66 ans.

Son dernier souhait ? Que ses entrailles, prélevées de son corps, soient conservées au prieuré de Sainte-Menoux, dans une urne. Ainsi soit-il.

Mais au cours du transport du reliquaire, une odeur nauséabonde parvient aux narines de l'homme chargé du transfert. La raison ? L'urne a été mal fermée. La solution ? Tout jeter dans le fossé, tourner les talons et laisser les cochons jouer les nettoyeurs.

Quant au reste du corps, les sans-culottes l'exhumeront de sa sépulture en 1789. Ça pue…

Henri Gascard, *Portrait de madame de Montespan se reposant à l'entrée d'une galerie du château de Clagny* (XVIIe s.), huile sur toile (318 x 222 cm), collection privée.

Maman, le p'tit bateau qui va sur l'eau…

Au XIXe siècle, à Lyon, on pouvait voir sur le Rhône… une morgue flottante. Une sorte de radeau sur lequel étaient déposés des corps, destinés notamment aux autopsies, d'ailleurs fréquemment pratiquées sur cet esquif. Ladite morgue avait été spécialement conçue pour que les cadavres soient constamment arrosés d'eau – pour les conserver de façon optimale selon la médecine des années 1850.

Mais elle a fini emportée, par deux fois, par une crue du Rhône. C'est dire la solidité du truc. Finalement, au tournant du siècle, on établit une nouvelle morgue dans l'actuel institut médico-légal de Lyon. La fin d'une galère ?

Carte postale du début du XXe s. ainsi légendée « Inondation de janvier 1910, Mr Fontaine découvrant sur la morgue le corps de son dernier hôte ».

Le tournoi qui tourne mal

C'est la fête à Paris ce 30 juin 1559 – Henri II fait coup double ! Pour célébrer la signature des traités du Cateau-Cambrésis (avec l'Angleterre et l'Espagne), il marie sa sœur, Marguerite, au duc de Savoie et donne sa fille, Élisabeth, au roi d'Espagne Philippe II. Cerise sur le gâteau : on organise un tournoi durant lequel le souverain va pouvoir faire montre devant les grands du royaume de ses talents de jouteur.

Ni une ni deux, il enfourche son cheval – surnommé « Malheureux » – et fonce sur son adversaire, le comte de Montgomery. Boum ! le choc est brutal, la lance du comte se brise et un morceau de bois vient se loger... dans l'œil royal.

Malgré tous les soins apportés par les médecins du roi (dont Ambroise Paré qui s'exerce sur plusieurs condamnés à mort), Henri II succombe à ses blessures, dix jours plus tard, dans d'atroces souffrances.

Innocenté par le roi, le comte de Montgomery aura la mauvaise idée de rallier le camp huguenot en 1562 lors de la première guerre de Religion. Tombé au front en 1574, il est exécuté sur ordre de la veuve d'Henri, Catherine de Médicis. Œil pour œil...

Édouard Detaille, *La Mort du roi Henri II au tournoi de l'hôtel des Tournelles* (1906), huile sur toile (226 x 386 cm).

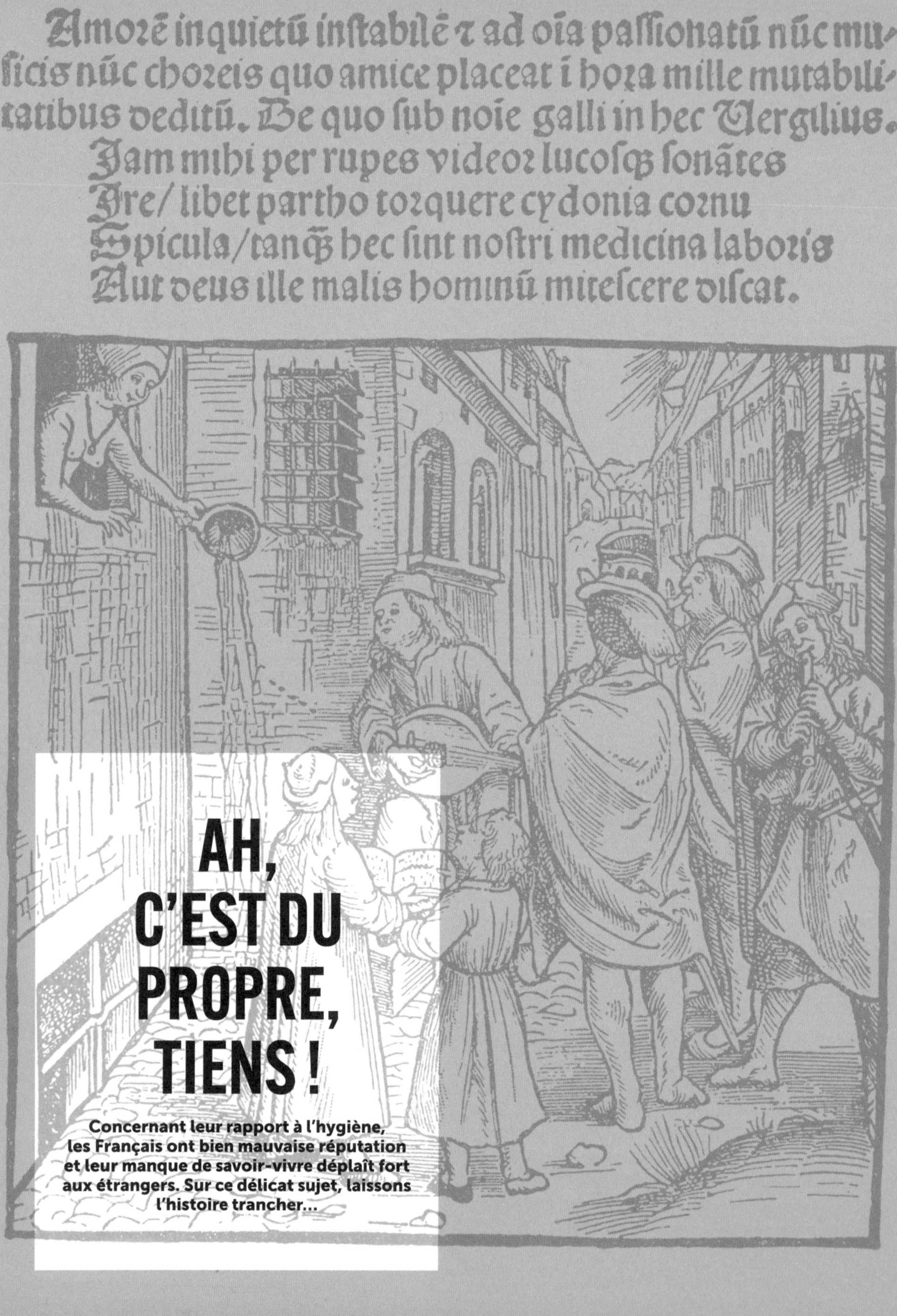

AH, C'EST DU PROPRE, TIENS !

Concernant leur rapport à l'hygiène, les Français ont bien mauvaise réputation et leur manque de savoir-vivre déplaît fort aux étrangers. Sur ce délicat sujet, laissons l'histoire trancher…

Malpoli !

Louis Pasteur (1822-1895), célèbre biologiste et chimiste français, et inventeur du vaccin contre la rage (entre autres) en 1885, connaît bien son sujet quant à la propagation des microbes – ce n'est d'ailleurs pas pour rien qu'il donnera son nom à la « pasteurisation ». Mais toutes ces années d'études le rendent quelque peu parano. Ainsi, il ne serre jamais la main de ceux qu'il croise, de peur d'être contaminé par une quelconque maladie... et s'empresse de se les laver s'il déroge à la règle. Sympa !

Photographie de Nadar représentant Louis Pasteur, datée de 1886, The J. Paul Getty Museum, Los Angeles.

Jean Decourt, *Portrait d'Henri de France, duc d'Anjou* (v. 1573-1575), huile sur bois (29 x 21 cm), musée Condé, Chantilly.
Portrait de Marie de Clèves, attribué à François Clouet.

C'est quoi ton parfum ?

Une grande fête est donnée le 18 août 1572 chez le duc d'Anjou, quatrième fils d'Henri II et de Catherine de Médicis. Tout le monde s'amuse et Marie de Clèves enflamme le dancefloor. Tout en sueur, elle s'isole dans une chambre pour changer de chemise et revient danser. Le prince, dans le même état, s'engouffre à sa suite dans la pièce avec la même idée. Il tombe sur la chemise de Marie, la porte à ses narines et tombe aussitôt amoureux... de son odeur de transpiration. Le duc passe ensuite la soirée à chercher la propriétaire du vêtement, finit par la retrouver (non, on ne veut pas savoir par quel subterfuge...) et lui déclare sa passion.
Malheureusement le conte de fées un peu trash se termine mal : Marie de Clèves meurt deux ans plus tard à l'âge de 21 ans. Fou de chagrin, le futur roi Henri III se désintéressera définitivement des femmes. Pour tenter de retrouver l'odeur de Marie dans des effluves plus masculines ?

Se laver les dents, oui, mais avec quoi ?

Savez-vous que l'on prenait déjà soin de ses dents durant l'Antiquité ? Les Égyptiens, par exemple, recouraient à des pâtes dentaires à base de menthe et de fleurs pour se laver les chicots.
Mais que se passe-t-il au Moyen Âge ? Exit la menthe fraîche, place à l'urine. Mais attention : l'urine humaine fermentée ! Askip, ça blanchit les dents.
Aujourd'hui, on est revenu aux dentifrices à la menthe... Mais pour combien de temps ?

Miniature représentant le médecin Constantin l'Africain (1020-1087) examinant l'urine de patients au XIe s.

Un café et la succion !

Aujourd'hui, nous buvons notre café dans une tasse, parfois posée sur une soucoupe. Mais ça n'a pas toujours été le cas !

Apparu en France au XVIIe siècle, le café est un breuvage alors amer et franchement dégueu, versé dans une tasse (jusque-là, ok), laquelle était vidée sur une petite assiette – pour le laisser refroidir, en diffuser les arômes et aussi pour faire plus classe. Le buveur portait ensuite le liquide à ses lèvres.

Par souci de bienséance, je vous épargne la description des bruits de bouche...

D'après Leonard Marin, *The Woman Taking Coffee* (1774), gravure (28 x 23 cm), Yale Center for British Art.

Embrassez qui vous voudrez !

Pourquoi s'embrasse-t-on ? Comment ? Et depuis quand ? Le baiser tel que nous le connaissons est mentionné pour la première fois il y a environ 3 500 ans, en Inde. D'ailleurs, le *Kama-Sutra* évoque une trentaine de baisers différents.

Le baiser est aussi mentionné plusieurs fois dans la Bible, qu'il s'agisse d'amour coupable (Job 31:27, « Et si mon cœur s'était laissé séduire en secret, Si ma main s'est portée sur ma bouche », et Proverbe 5:20, « Embrasserais-tu le sein d'une inconnue ? ») ou d'amour tout court (Cantique des cantiques 1 :2, « Qu'il me baise des baisers de sa bouche ! Car ton amour vaut mieux que le vin »). Les Romains, eux, pratiquent le fameux *French kiss* – qui n'est donc, historiquement, pas forcément d'origine française. Ce baiser, un peu plus... profond, se nomme le *suavium*, littéralement « doux, plaisant pour les sens ».

Vient ensuite la période médiévale et ses répressions d'origine religieuse qui stigmatisent le baiser alors qu'il n'est pas forcément signe d'amour. On avait l'habitude d'embrasser son voisin, sa tante ou son collègue, sans évidemment en faire un geste érotique. Et à cette époque, les grandes épidémies de peste en rajoutent une couche : le baiser est alors définitivement prohibé.

Au XVIIIe siècle, le libertinage remet les embrassades au goût du jour. Les lèvres, les mains, les pieds, tout y passe... contrairement au siècle suivant où romantisme, moralisme et hygiénisme prônent la chasteté.

C'est au XXe siècle que s'embrasser devient glamour. Au cinéma, les stars d'Hollywood adorent se lécher la pomme – et le public en redemande ! Et comme l'histoire se répète, la pandémie de coronavirus remet le baiser au placard, avant que l'apparition des premiers vaccins ne fasse reculer la maladie... et revenir la libido.

Voilà donc schématiquement l'histoire du baiser. Et si vous voulez approfondir le sujet, il ne reste plus qu'à vous inscrire sur Tinder.

(Haut) Gravure du XIXe s.
(Ci-contre) Francesco Hayez, *Le Baiser* (1859), huile sur toile (112 x 90 cm), Pinacoteca di Brera, Milan.

Illustration d'Harold Hume Piffard, fin XIXe-début XXe s.

Je t'aime, moi non plus

Joséphine de Beauharnais rencontre Napoléon Bonaparte en 1796. Les deux amoureux convolent en justes noces l'année suivante – mariage heureux, me direz-vous ? Pas si sûr... Si Napoléon est fou de sa belle, l'Histoire raconte que la future impératrice désire avant tout préserver sa sécurité et sa tranquillité. Cette relation inéquitable transparaît dans leurs échanges épistolaires : les lettres du mari abondent tandis que les réponses de l'épouse se font plus rares. Dans l'une d'elles, le Premier consul peine à cacher son amertume : « J'arrive à Milan, je me précipite dans ton appartement, j'ai tout quitté pour te voir, te presser dans mes bras ; ... tu n'y étais pas : tu cours les villes avec des fêtes ; tu t'éloignes de moi lorsque j'arrive, tu ne te soucies plus de ton cher Napoléon. » Pourtant le cœur – et le lit – de Joséphine sont bien gardés : elle dort même avec son chien, que son mari ne parvient pas à faire sortir du pageot...
Néanmoins, les ardeurs de Napoléon ne faiblissent pas. Parti en campagne, il écrit à sa belle : « Ne te lave pas, j'accours et dans huit jours je suis là. » Ah ouais, quand même... Le cas n'est pas nouveau : souvenez-vous d'Henri III, tombé raide dingue de l'odeur de transpi de Marie de Clèves (voir p. 130) ou d'Henri IV qui fera porter à Gabrielle d'Estrées un message similaire.
N'empêche que la passion finit par s'étioler. L'Empereur, sans descendance, divorce de son épouse en 1809. Douchée, la Joséphine ?

Des toilettes publiques, vraiment publiques

Les pots de chambre vidés par la fenêtre ? Une triste réalité au Moyen Âge. Jetées dans la rue, les déjections sont emmenées par la pluie – sauf les jours de grand beau temps, pas la peine de vous faire un dessin…
Au château, on dispose de lieux d'aisance individuels, plus agréables que les pots de chambre, qui ressemblent un peu à nos W.-C. actuels : des bancs de pierre ou de bois percés d'un trou donnant sur le vide à l'extérieur. Et les excréments, au lieu d'être jetés dans la rue, dégringolent au pied des murailles.
Mais il existe aussi, depuis l'Antiquité, des latrines communes. Pour que chacun fasse ses besoins en tenant la main de son voisin et se rappeler, comme le disait un certain Montaigne, que même sur le plus haut trône du monde, on n'est jamais assis que sur son c..

Pierre La Baud, *Siège du château de Derval* (XVe s.).

« Doukipudonktan ? »

Henri IV (1553-1610) aimait l'ail. Tant et si bien qu'il en faisait mettre dans tous ses plats ou le dégustait cru ou cuit sur du pain. Bref, il s'en fourrait le bec au quotidien. L'histoire raconte même que ses maîtresses (73 au total paraît-il !) ne pouvaient plus le sentir : « Ah ! Sire, qu'il vous prend bien d'être roi, sans cela on ne pourrait vous souffrir car vous puez comme charogne. »
Mais peut-on en vouloir à un homme à qui, à la naissance, on a passé une gousse d'ail sur les lèvres pour le préserver des maladies ? Tombé dedans quand il était tout petit en quelque sorte...

Henri IV en Hercule écrasant l'hydre (v. 1600), huile sur toile, musée du Louvre, Paris.

Bâiller, oui, mais à vos risques et périls

Le savoir-vivre veut qu'on mette sa main devant sa bouche en cas de bâillement. Mais pourquoi ?
Tout simplement parce qu'au Moyen Âge, on pense que le diable va profiter de notre bouche ouverte pour s'introduire en nous, ou nous délester de notre âme. Alors, pour l'en empêcher, on protégeait son corps en en fermant l'accès de sa main. On pouvait aussi faire un signe de croix, pour être sûr de bien tenir le Malin à distance.
Euh, si je vous fatigue avec mes histoires, faut me le dire, hein ?

Joseph Ducreux, *Autoportrait, bâillement* (1783), huile sur toile (117,8 x 90,8 cm), The J. Paul Getty Museum, Los Angeles.

Ah, ces jolis métiers qui se perdent…

Aujourd'hui disparu (faut-il s'en réjouir ?), le métier de porte-coton est lié au règne de Louis XIV. Ce serviteur se traînait derrière notre fameux Roi-Soleil, muni d'un plateau et d'une sorte de serviette. Jusqu'ici, tout va bien. Mais pourquoi ? Pour tendre au souverain de quoi s'essuyer le fessier après que celui-ci est passé aux toilettes. Serait-ce depuis ce temps-là que les porte-serviettes ont aussi mauvaise réputation ?

Dessin attribué à Horace Vernet, ainsi légendé « Le porte coton du roi Louis dix huit, fait par Horace Vernet chez nous le 20 décembre 1826 ».

Victor Adam, *Calèche, tilbury* (v. 1841-1844), estampe (45,9 x 29,8 cm), musée Carnavalet, Paris.

Tchin ! Tchin !

Trinquer est une coutume d'origine médiévale. Mais tout le monde sait que le Moyen Âge est une période de l'histoire où l'on avait le poison facile.
Alors pour s'assurer que leur hypocras n'avait pas été drogué par un compagnon de beuverie, les buveurs frappaient leurs godets l'un contre l'autre, assez fort pour le liquide suspect gicle par-dessus bord, qu'il passe dans la coupe du voisin et que les fluides se mélangent. Celui qui, après ça, refusait de boire, n'avait donc pas la conscience tranquille.

Miniature extraite de l'ouvrage *Tacuinum sanitatis* (1390) du médecin irakien Ibn Butlân (1001-1066).

Carte postale de 1903 représentant le théâtre du Vaudeville, situé boulevard des Capucines à Paris.

Les cinq lettres

En France, on dit « merde ! » à quelqu'un pour lui souhaiter bonne chance. Drôle de façon de souhaiter le meilleur à un proche, mais assez logique, si l'on s'intéresse à l'origine de cette coutume.
Au XIXe siècle, le théâtre connaît un engouement sans précédent (ben oui, on n'avait pas encore inventé la télévision...) et il n'est pas rare de constater à l'entrée des salles de spectacle où se jouent des pièces à succès... des tombereaux de crottin déposés là par le défilé des calèches ayant amené les spectateurs. C'est depuis ce temps que l'idée de succès est associée à la m...e.

Montfaucon, le double effet pas Kiss Cool...

Le sinistre gibet de Montfaucon, situé dès 1315 au Moyen Âge à l'extérieur de Paris (entre les actuels quartiers de La Villette et des Buttes-Chaumont), pouvait « accueillir » jusqu'à 50 pendus.
La situation géographique du gibet était stratégique : installé sur une petite colline à proximité de la ville, il signifiait à tout visiteur que la justice parisienne était implacable.

Par mesure d'hygiène, il se trouvait éloigné des habitations et ça se comprend ! En plus de leur imposer la vision des suppliciés, les alentours de Montfaucon décourageaient les badauds par l'odeur infecte dégagée par la putréfaction des corps et le dépôt, par les vidangeurs de Paris, du contenu de tous les pots de chambre et autres fosses d'aisance de la capitale...
Je développe, ou ça ira pour cette fois ?

Gravure d'André Coinchon, représentant le gibet de Montfaucon, illustrant l'ouvrage *The Topography of Paris* (XIXᵉ s.).

NOS AMIES LES BÊTES

Au cours de son histoire, l'homme ne s'est pas toujours montré tendre envers ses compagnons à quatre pattes… Victimes de nos superstitions, asservis à nos pratiques, boucs émissaires, les animaux ont parfois secoué le joug de notre tyrannie, en prenant sur l'humanité une revanche méritée.

Les greffiers au bûcher !

Au Moyen Âge, et plus encore à la Renaissance, beaucoup de femmes sont accusées de sorcellerie. C'était facile, parce qu'invérifiable.
En 1233, le pape Grégoire IX déclare que le chat est le « serviteur du diable ». Puis en 1484, Innocent VIII ordonne que tous les chats vus en compagnie de femmes soient considérés comme des familiers – ces animaux dont les sorcières font leurs complices – et condamne les bestioles et leurs maîtresses au bûcher.
Cette extermination massive des chats va contribuer à l'augmentation de la population des rats, et donc à la formation croissante du nombre d'épidémies de pestes… dont les « sorcières » seront jugées responsables.
On se mord la queue, donc.

Pieter Van der Heyden d'après Pieter Brueghel l'Ancien, *Saint Jacques le Majeur et le magicien Hermogène* (1565), gravure.

Gravure représentant le port et la ville fortifiée de Saint-Malo (XVIIe s.).

La ville qui a du chien

Saint-Malo, jolie cité portuaire de Bretagne, est a priori une ville toute tranquille et accueillante.
Ouais… à voir… Accueillante, elle ne l'a pas toujours été. De 1155 à 1770 (c'est long !), une vingtaine de chiens étaient lâchés la nuit dans les rues de la ville afin de dissuader les étrangers de se glisser à l'intérieur des remparts. Les Malouins étaient prévenus : s'ils quittaient leurs quartiers nuitamment, ils se faisaient bouffer. Le matin, une trompette avertissait habitants et visiteurs qu'ils pouvaient aller et venir sans souci. Le blason de la ville représente d'ailleurs les fameux remparts entourés des chiens du guet.
Finalement, les Hunger Games et autres Squid Game, c'est du pipi de chat…

Un tour de cochon

En 1131, le jeune prince Philippe, fils aîné de Louis VI le Gros (1081-1137) et promis au trône de France, se promène tranquillement à cheval dans Paris. Sans crier gare, un cochon traverse la rue devant la royale monture, qui panique, se cabre, désarçonne son cavalier qui se cogne par terre et l'écrase de tout son poids. L'héritier meurt quelques heures plus tard.
C'est bête, hein ?

Miniature représentant la mort du prince Philippe, extraite d'un manuscrit des *Grandes Chroniques de France* (v. 1332-1350).

Quand le Parisien a une faim de loup

Paris, septembre 1870 : la guerre franco-prussienne fait rage. Lors du siège de Paris, les habitants de la capitale ont faim. Alors, à la guerre comme à la guerre, rats, chats et chiens errants, oiseaux et poissons pêchés dans la Seine passent à la casserole.

Mais la nourriture continue de se faire rare... Les derniers animaux encore en vie gambadent dans les cages du zoo de Vincennes et du Jardin des plantes. Après un passage à l'abattoir, ils se retrouvent au menu des restaurants parisiens. On trouve alors, à la carte, le « chameau rôti à l'anglaise », la « tête d'âne farcie », le « civet de kangourou » ou le « consommé d'éléphant ».

Gravure anglaise (XIXᵉ s.) représentant l'abattage d'un éléphant du Jardin des Plantes durant la guerre franco-prussienne.

L'homme qui murmurait à l'oreille de son cheval

Caligula (12-41 ap. J-C), empereur romain, est un taré – normal, me direz-vous, quand on porte un nom signifiant, en latin... « sandalette ». Pourtant, le jeune empereur (il n'a que 25 ans !) a commencé son règne de la plus belles des manières : adoré du peuple et soutenu par le sénat romain.
Mais le temps passe et peu à peu, Caligula se met à détester ses soutiens et les assassine sans retenue... et surtout, sans raison apparente. Le despote, accusé d'inceste (certains sénateurs feront courir le bruit qu'il entretient une relation amoureuse avec sa propre sœur Drusilla), ivre de son propre pouvoir, agit comme le dernier des pervers, se vautre dans la débauche et pousse quelques membres de son entourage au suicide : le préfet Macron (lequel aurait zigouillé l'empereur Tibère, grand-oncle et père d'adoption du jeune Caligula) et son ex-beau-père Silanus. Obsédé par les décapitations, on lui prête la phrase suivante : « Si seulement le peuple romain n'avait qu'un seul cou ! »
Outre sa calamiteuse gestion des finances, le jeune tyran se distingue par l'amour inconsidéré qu'il porte à son cheval : le peuple crève de faim mais Incitatus, choyé par une troupe de serviteurs, est nourri dans une mangeoire en ivoire et loge dans une écurie de marbre. Ayant atteint le stade suprême de la folie, Caligula envisage de le nommer consul !
Le règne de Caligula – court (37-41 ap. J.-C.) mais intense ! – se termine dans le sang après un complot monté par ses propres soldats. Vous ne vous attendiez pas à un happy end quand même ?!!!

(Ci-contre) Gravure représentant l'empereur Caligula invitant son cheval Incitatus à dîner (XIXe s.).
(Ci-dessus) Victor Adam, *Caligula et son cheval*, gravure (1845).

Cochon pendu !

Dans les villages de la France médiévale, beaucoup d'animaux traînent dans les rues – c'est notamment le cas des cochons. Sauf qu'un cochon, ça a faim, et qu'un cochon, ça bouffe tout. C'est ainsi que certains nourrissons, couchés à même le sol, se sont retrouvés au menu de la gent porcine. Ces incidents furent tout de même à l'origine de quelques changements d'habitudes : désormais, les jeunes parents accrocheront leur bébé au mur par le fond de sa culotte. Vive le progrès.
Et qu'a-t-on fait des coupables, me demanderez-vous ? Eh bien, ils ont été jugés. C'est ainsi que les tribunaux, entre le XIII et le XVIe siècles, ont convoqué les accusés, dotés de bon sens, selon leurs juges, à un procès en bonne et due forme, après les avoir soumis à la question. Ce fut le cas d'une truie meurtrière à Falaise, en Normandie, à la fin du XIVe siècle : neuf jours de procès très coûteux sont nécessaires pour condamner l'animal qui a mortellement blessé un nouveau-né en essayant de le boulotter. Le verdict est sans appel : la truie doit être exécutée par pendaison et les paysans sont invités à observer la scène... avec leurs cochons, afin que ceux-ci en tirent une bonne leçon ! Le plus étonnant dans cette affaire, c'est encore que, sur l'échafaud, la truie est habillée comme une femme... Tiens donc.
Et non, je vous vois venir, ces animaux après exécution, ne passaient pas à la casserole. Normal : ils avaient commis une faute et représentaient le Mal. Pas de saucisson à l'apéro, les amis...

Gravure représentant l'exécution de la truie de Falaise, extraite de l'ouvrage *L'Homme et la Bête* (1872) d'Arthur Mangin.

Jusqu'à la lie !

Le pape Adrien IV est élu en 1154. Environ cinq ans après son élection, il s'attable comme d'habitude, mange oklm comme d'habitude et boit son picrate comme d'habitude. Sauf que ce jour-là, une vieille mouche a la bonne idée de tomber dans son verre. Adrien IV gobe l'insecte, s'étouffe et meurt. *Habebamus papam...*

Willem Claeszoon Heda, *Nature morte à la vigne* (XVIIe s.), huile sur toile (52 x 68 cm), musée Hallwyl, Stockholm.

L'automate qui vous en bouche un coin

En 1738, le grenoblois Jacques Vaucanson, mécanicien de métier, fabrique un automate à l'effigie d'un flutiste. C'est un véritable chef-d'œuvre : le souffle de l'androïde passe dans la flûte traversière tandis que ses doigts parcourent en rythme l'instrument.
Face à cette merveille qu'il décrit avec précision dans ses chroniques sur la cour de Louis XV, le duc de Luynes, pair de France et mémorialiste, peine à cacher son enthousiasme : ce qui est extraordinaire avec cet automate, c'est que « l'on peut substituer toute autre flûte à la place de celle qui joue ». Quel coquin, ce duc de Luynes !
Un an plus tard, l'artisan présente au public un autre automate : un canard si réaliste qu'il avale et digère tout ce qu'on lui fourre dans le bec. Un prodige de mécanique qui, curieusement, n'a suscité aucun commentaire de la part du duc de Luynes...

Une éléphante sans défense

Âgée de 22 ans, Mary, jolie éléphante d'Asie est, en 1916, la star du défilé des éléphants du Sparks World Famous Shows Circus, paradant avec son dresseur, Red Eldridge, assis sur son dos. Mais l'animal, d'un seul coup de trompe, jette son « cavalier » au sol devant la foule des spectateurs... et marche sur son crâne. Le compte est bon pour Eldridge, mais pas pour Mary qui, pour son geste, est exécutée en public à Erwin (Tennesse, États-Unis) – pendue à une grue devant parents et enfants en furie.
On établira plus tard que la pauvre éléphante avait été préalablement violentée par son dresseur. Malheureusement il faudra attendre longtemps avant que la condition animale dans les cirques ne fasse l'objet d'une véritable législation.

Photographie représentant la pendaison de l'éléphante Mary, le 13 septembre 1916.

Quand l'amour finit en queue de poisson

Louis XIV est un galant notoire. Ses amourettes avec de célèbres courtisanes ont défrayé la chronique. Mais l'histoire n'a guère retenu la passion qui le lia à La Dorée. Et pour cause : l'objet de l'affection royale est... une carpe ! Eh oui, pour se distraire des intrigues de cour, des défis politiques et des révoltes populaires, le Roi-Soleil aime se retirer vers son bassin du parc de Marly... pour y papoter avec la reine de tout l'étang, La Dorée, la bien nommée.
Mais lors de l'une de ces promenades, le monarque constate l'absence du poisson. Et là, c'est le drame : il fait alors curer tout le canal pour la retrouver. Le cadavre de La Dorée est repêché, et le roi, fou de chagrin, s'enferme dans son bureau en refusant toute visite pour la journée. Le garde devant la porte a pour consigne de ne faire entrer personne, annonçant que « la carpe favorite est morte, le Roi ne voit personne aujourd'hui ! » Ce deuil royal durera... 24 h.
Franchement, une histoire pareille, c'est « in'ouïe », non ?

VICTIMES DE LA MODE

Selon Marcel Proust, « le snobisme est une maladie grave de l'âme, mais localisée, et qui ne la gâte pas tout entière. » Prenons donc l'auteur au mot et jugeons-en sur pièces en feuilletant ce chapitre dédié aux fashion victims – au sens propre.

« Touchez ma bosse, monseigneur ! »

Durant la Renaissance, la mode masculine est aux braguettes proéminentes. De celles qui, placées sur le devant des chausses, pile au niveau de l'entrejambe, laissent croire au porteur et à son entourage (mais surtout au porteur en fait) que c'est lui qui a la plus grosse. Mais comme l'habitacle était (évidemment) rarement rempli, on lui a trouvé bien des fonctions : elle sert indifféremment de poche pour y ranger des morceaux d'étoffe ou des objets précieux (des lettres), de protège-bourse (oui, bon, elle est facile celle-là...) voire de garde-manger ! En effet, les galants y font mûrir des fruits, qu'ils offrent ensuite à leur promise. Trop romantique.

Attribué à François Clouet, *Henri II (1519-1559), roi de France (XVIe s.)*, huile sur panneau (35 x 20 cm), musée du Louvre, Paris.

« Lancer » la mode

Dans les années 1680, Louis XIV, le Roi-Soleil, souffre d'une fistule anale. Son opération est confiée au chirurgien Félix – qui s'est exercé auparavant sur d'autres fistuleux. Le roi, les fesses en l'air, tient la main de madame de Maintenon, transpire un peu (c'est sans anesthésie quand même…) – mais pas autant que le toubib qui tient entre ses mains la vie (entre autres choses) du souverain. Mais l'opération est un succès, et tout le royaume est en fête : fontaines à vin, chants religieux et un hymne entonné par les demoiselles de Saint-Cyr, *Dieu sauve le roi*, que les Anglais nous piqueront sans vergogne. Et comme le roi est une véritable star, ses courtisans veulent tout faire comme lui. C'est ainsi que tout le monde prétendra souffrir d'une fistule anale – sans avoir le courage de se faire opérer.
Là, question mode, on touche vraiment le fond…ement.

Gravure représentant Louis XIV après son opération, entouré de madame de Maintenon et de son confesseur, le père Lachaise (XIXe s.).

Passer la bague au doigt… de pied

Aristocrate favorable aux idées progressistes des Lumières mais opposée à la Terreur, Thérésa Cabarrus (ou Thérésa Tallien) est enfermée dans un cachot sombre et sale durant des mois pendant la Révolution française, et vit dans la crainte d'être guillotinée. Dans l'attente de secours qui tardent à venir (son amant tergiverse et ça l'énerve grave…), elle survit dans l'obscurité dans des conditions de détention qui feraient pâlir les bagnards les plus endurcis, repoussant quotidiennement les attaques de rats affamés qui lui mordillent les pieds.
Lorsqu'elle est enfin libérée, elle tente de dissimuler ces marques disgracieuses en arborant des bagues à chaque orteil. Elle en lancera la mode durant tout le premier Empire.
Le freak, c'est chic…

Jean-Louis Laneuville, *La Citoyenne Tallien emprisonnée à La Force, tenant dans sa main ses cheveux coupés* (1796), huile sur toile (128,9 x 112,3 cm), collection privée.

Des cheveux blonds, oui, mais...

Au Moyen Âge, les critères de beauté féminine poussent les femmes à agir sur leur corps de façon absurde (bon, ça, ça ne date pas d'hier...). Comme les grands fronts et les ventres rebondis font fureur, les fashionistas redessinent leur implantation de cheveux (oui, oui, en se les arrachant) et placent de petits coussins sous leur robe au niveau du nombril.
Mais la mode est aussi à la blondeur. Et pour se décolorer les cheveux, elles sont prêtes à tout : pour obtenir un joli blond vénitien, elles laissent agir quelques jours sur leur crâne un bon litre d'urine.
Tout ça pour que finalement, leurs cheveux soient cachés sous des voiles et des coiffes...

Lucas Cranach l'Ancien, *Portrait nuptial de Sybille de Clèves* (1526-1527), huile sur bois, Schlossmuseum, Weimar.

La légende dorée de Diane de Poitiers

Par peur de vieillir et de perdre sa beauté, la favorite du roi de France Henri II (1519-1559), Diane de Poitiers, ingère des quantités folles d'or liquide. Le métal fondu a, au XVIe siècle, la réputation de préserver l'éclat et la jeunesse du teint des courtisanes et, au fond de leurs officines, apothicaires et alchimistes préparent à tour de bras ces bouillons dorés à l'attention de leurs riches clientes.

Mais à doses non homéopathiques et quotidiennes, l'or peut devenir toxique. Diane finit par tomber malade – et là, on oublie le glamour : les vomissements et les diarrhées ont raison de sa santé.

Très récemment, des chercheurs ont étudié sa dépouille. Des analyses pratiquées sur les os et les cheveux de « la plus que reine » montrent qu'ils contiennent des taux d'or entre 250 et 500 fois supérieurs à la normale. La favorite l'aura donc appris à ses dépens : la jeunesse éternelle se paie à prix d'or !

(Ci-dessus) Zéphirin Belliard, *Diane de Poitiers* (1828), lithographie (24 x 22 cm), The British Museum, Londres.
(Ci-contre) Alexandre-Évariste Fragonard, *Diane de Poitiers dans l'atelier de Jean Goujon* (début XIXe s.), huile sur toile, musée du Louvre, Paris.

Des goûts et des couleurs

Le règne de Marie-Antoinette se caractérise par de fortes avancées dans le domaine de la mode. Coiffures extravagantes signées Léonard, robes de mousseline et grands habits de cour dessinés par la « ministre des Modes » Rose Bertin – rien n'est trop beau à Versailles. Chaque détail compte et les couleurs n'échappent pas à la règle.
En 1788 sont inventés pas moins de 440 nouveaux noms de couleurs, des plus poétiques aux plus surprenants : cuisse de nymphe, beurre frais, fromage de Hollande, gueux nouvellement arrivé, saucisson pâte charnue, opéra brûlé, prune Monsieur... ou encore caca Dauphin, une teinte ainsi baptisée par la reine de France en observant les selles de son enfant.
C'est tout de suite moins classe...

Adolph Ulrich Wertmuller, *Portrait de la reine de France, Marie-Antoinette, et de ses enfants* (1785), huile sur toile (276 x 194 cm), National museum, Stockholm.

Isaac Cruikshank, *Parisian ladies in their winter dress for 1800* (1799), lithographie, collection privée.

Collier serré

Pendant et après la Révolution française (1789-1799), certaines femmes arborent autour de leur cou un cordon rouge, symbolisant la trace du couperet de la guillotine, et revendiquent ainsi leur statut d'amies, d'épouses ou de mères des victimes de la Terreur, au moyen de cet emblème contre-révolutionnaire. Comme si, en fait, leur propre tête avait été tranchée. Les hommes, eux, ne sont pas en reste et se font couper les cheveux au niveau de la nuque à la manière des condamnés à la guillotine.
La mode parfois vous fait perdre la tête...

(Gauche) Paul Gavarni, *George Sand, habillée en étudiant, au bras de son amant Jules Sandeau à Paris en 1831*, gravure.
(Droite) Alcide-Joseph Lorentz, dessin de George Sand en pantalon, ainsi légendé « Miroir drôlatique », paru dans *Le Charivari* en 1840.

Pantalonnade !

En 1800, une ordonnance française interdit aux femmes de porter un pantalon. Celles qui s'obstinent sont considérées comme de scandaleuses travesties ! C'est le cas de George Sand qui est obligée de demander officiellement une autorisation de travestissement à la préfecture de l'Indre pour pouvoir enfiler son pantalon. En 1892, on lève un peu le pied et, miracle, on autorise les Françaises à porter un pantalon si elles tiennent « par la main un guidon de bicyclette ou les rênes d'un cheval. » Quelle avancée !
C'est donc tout à notre honneur que nous abrogeons cette loi, tombée dans les oubliettes de la mémoire, en... 2013.
Oui, légalement, les femmes françaises ne sont autorisées à porter des pantalons que depuis quelques années. Incroyable mais vrai.

La robe qui met le feu !

Au milieu du XIXe siècle, une mode vestimentaire fait fureur en Angleterre auprès des femmes : la crinoline. Cette armature de cerceaux de métal ou d'osier, puis réalisés à l'aide de fanons de baleines, recouverte de jupons, permettait aux élégantes d'évoluer dans des robes très volumineuses, occasionnant, aussi bien à l'extérieur qu'en intérieur, des situations assez cocasses... Moins drôle : le tissu de la crinoline (mélange de crin de cheval, de lin ou de coton) est extrêmement inflammable. Dans la bonne société anglaise, les accidents se multiplient. En 1863, la jeune Emma Musson, 16 ans, meurt brûlée vive après qu'un petit charbon de bois a atterri sur sa robe... Et cette tragique histoire n'a rien d'un cas isolé : le « jupon squelette » ou la « cage » (quand même, un nom pareil, ça aurait dû mettre la puce à l'oreille) seront responsables du décès de plus de 3000 femmes dans les mêmes conditions.
Deux solutions sont alors trouvées pour mettre un terme à ces drames : la création du châle qui, en cas de début d'incendie, pouvait servir à étouffer les flammèches puis, plus radical, l'interdiction pure et simple de la crinoline quinze ans après sa création.

Franz Xaver Winterhalter, *L'Impératrice Eugénie* (1854), huile sur toile (92,7 x 73,7 cm), Metropolitan Museum of Art, New York.

Mort sur le fil

La mode du XIXe siècle, avec ses beaux habits, ses merveilleux chapeaux et ses robes de bal, vous fait rêver ? Désolée mais, après l'histoire de la crinoline hautement inflammable, je vais en rajouter une couche. Clients et petites mains (des femmes bien souvent) ont souvent fait les frais de pratiques hautement nocives à la santé. Inventée en 1788, la teinte vert de Scheele (vert émeraude) est aussitôt plébiscitée par les élégantes : le souci, c'est qu'elle est obtenue grâce à un mélange de cuivre et d'arsenic. Et la manipulation de ce mélange toxique provoque de multiples (et redoutables) effets secondaires chez les couturières (plaies, empoisonnement) comme chez les dames de la haute société. Les chapeliers et les ouvriers du secteur (qui fournissent également les couvre-chefs des armées) ne sont pas en reste : à force de traiter les peaux de lapin à l'aide de mercure et d'acide nitrique, ils inhalent une poussière noire qui finit par leur coller la goutte, diverses paralysies, ou les rendre complètement zinzins. D'où l'expression anglaise « mad as a hatter » (littéralement « fou comme un chapelier » ou « fou à lier »), incarnée par le personnage du Chapelier toqué dont la célèbre héroïne de Lewis Carroll croise la route dans *Les Aventures d'Alice au pays des merveilles* en 1865.

Gravures réalisées d'après John Tenniel pour illustrer *Les Aventures d'Alice au pays des merveilles* (1865) de Lewis Carroll, représentant le Chapelier fou.

À tout petits pas

En 1908, Edith Hart O. Berg est la toute première femme à monter en tant que passagère à bord d'un avion piloté par Wilbur Wright. Pour faire en sorte que sa robe reste en place durant le vol, elle préfère la nouer à l'aide d'un bout de corde autour de ses mollets, ce qui l'oblige à marcher à petits pas saccadés jusqu'à l'aéroplane. Une allure sautillante rapidement adoptée par les élégantes, qui, pour imiter la démarche de l'Américaine, resserrent l'extrémité de leurs jupes autour de leurs chevilles, au risque de ne plus pouvoir marcher, courir ou monter les escaliers.
Ne riez pas, ce serait ainsi que la jupe-crayon aurait été créée... Oui, la mode a souvent entravé les femmes – à leur corps défendant... ou pas.

Photographie représentant Edith Hart O. Berg aux côtés de Wilbur Wright avant le décollage de l'aéroplane depuis le camp d'Auvours, datée de 1908.

CRIMES ET CHÂTIMENTS

Autrefois, on ne rigolait pas avec la justice. Mises à mort expéditives ou à retardement, jugements à l'emporte-pièce, séances de tortures, écartèlements à répétition… En ces temps difficiles, mieux valait avoir la conscience tranquille.

Chaud !

Jacques de Molay, dernier grand maître de l'ordre des Templiers, est arrêté pour hérésie et condamné à mort par le roi de France Philippe IV Le Bel en 1307. Sur le bûcher, le supplicié aurait prononcé une malédiction contre le souverain et ses descendants : « Maudits ! Tous maudits jusqu'à la treizième génération de vos races ! » Des mots, rien que des mots ? N'empêche que... au cours des années qui vont suivre, la famille royale est décimée : assassinats, maladies, complots ou crises de folie... on comprend que Maurice Druon se soit inspiré de cette sale histoire pour composer *Les Rois maudits* – sept tomes parus entre 1955 et 1977.
Pire que *Game of Thrones*. Sauf que c'est chez nous.

Gravure d'Émile Antoine Bayard (1880) représentant le supplice de Jacques de Molay et des Templiers le 11 mars 1314.

Carte postale allemande représentant un ivrogne condamné au pilori-tonneau.

Qui a bu…

Parmi les châtiments réservés à nos ancêtres, il y a ceux qui relèvent de l'exposition publique. Humiliante pour le condamné et censée dissuader les badauds de se livrer à des activités répréhensibles, elle prend diverses formes selon les époques, les territoires et les délits commis. Le pilori-tonneau est réservé aux ivrognes.

Il en existait deux sortes – dans ce domaine, l'homme est inventif : une première, barrique percée dans sa partie basse pour permettre au contrevenant de marcher à travers les rues ; et la seconde remplie parfois d'urine, à l'intérieur de laquelle l'ivrogne est forcé de s'asseoir, et qui une fois refermée, est roulée sur le pavé de la ville par les habitants.

Hips. Euh… Oups.

Charles-Gustave Housez, *Assassinat d'Henri IV et arrestation de Ravaillac le 14 mai 1610* (1860), huile sur toile (140 x 118 cm), musée national du château de Pau.

La brebis galeuse du clan Ravaillac

Traumatisé par les guerres de religion, François Ravaillac (1577-1610) grandit dans un climat violent. Décrit par les historiens comme psychologiquement instable, l'homme prétend être l'objet de visions divines : l'une d'elles lui ordonne de tuer le roi Henri IV, parti, selon lui, en guerre contre Dieu. À Paris, Ravaillac croise intentionnellement le carrosse du souverain, rue de la Ferronnerie, et le poignarde trois fois. Le fanatique assiste à l'agonie de sa victime, sans chercher à fuir. Condamné à mort, il est écartelé en place publique le 27 mai 1610. L'histoire est connue.

Ce dont on parle moins souvent, c'est l'opprobre dont sont victimes les proches du criminel, entraînés dans sa chute : la maison familiale, située à Angoulême, est rasée, les membres du clan ont obligation de changer de nom (au profit de Rafaillac ou Ravaillard) sous peine de mort – certains sont d'ailleurs exilés.

Moralité : on choisit pas sa famille…

Loin du froid de décembre

Après qu'il a abdiqué le 15 mars 1917, le dernier tsar de Russie, Nicolas II est placé avec sa famille et quelques fidèles en résidence surveillée, à Tobolsk (en Sibérie), puis à Iekaterinbourg dans la villa Ipatiev.
Mais la contre-révolution, menée par les Russes blancs (favorables à la restauration de la monarchie), inquiète Lénine, que l'insurrection d'Octobre a porté au pouvoir. Et lorsqu'un détachement de l'Armée blanche est signalé à proximité d'Iekaterinbourg, décision est prise de supprimer l'empereur et les siens. Rassemblés dans la nuit du 16 au 17 juillet 1918 dans une petite pièce du sous-sol de la villa, Nicolas II, son épouse, les grandes-duchesses (respectivement âgées de 22, 21, 19 et 17 ans), le tsarévitch (14 ans) et quatre domestiques sont fusillés à bout portant. Les dernières à succomber sont les filles de l'empereur déchu, Olga, Tatiana, Maria et Anastasia : pressentant leur sauvetage imminent, leur mère les avait encouragées à coudre leurs bijoux dans les plis et replis de leurs vêtements. Les balles ricochent sur leurs corsages transformés en gilets pare-balles. Elles sont achevées à coups de baïonnettes.
Les corps de toute la famille sont ensuite déplacés en camionnette, déshabillés, démembrés et jetés dans la fosse de Ganina Yama, à quelques kilomètres de la villa, puis brûlés à la chaux et au vitriol pour empêcher leur identification. En 1919, les dépouilles sont exhumées : deux d'entre elles manquent à l'appel. Ainsi naît la rumeur selon laquelle la plus jeune fille du tsar aurait réchappé du massacre. Mais en 1990, le mystère se dissipe lorsque les deux derniers cadavres sont mis au jour. Aucun membre de la famille Romanov n'aura donc survécu.

Illustration représentant l'assassinat du tsar Nicolas II de Russie, de sa famille et de leurs proches à Iekaterinbourg, le 17 juillet 1918.

Petit geste, grandes conséquences...

Dès 1789, il s'en passe de belles dans les tribunaux ! Après être passés devant le juge, les accusés quittent la cour sans avoir eu connaissance de la peine qui leur est réservée (ça, ça vient plus tard, c'est le deuxième effet Kiss Cool). Mais le verdict a bien été rendu à leur insu grâce à un code gestuel secret. Lorsque l'inculpé doit être fusillé, le président du tribunal porte la main à son front ; si ce dernier tripote la petite hache qui orne sa poitrine, c'est la guillotine ; et s'il étend la main sur le registre posé sur la table, on libère le prévenu.

Le problème, c'est qu'il arrive parfois que ces signes soient exécutés de façon approximative ou mal interprétés. Une soudaine envie de vous gratter le front ou de vérifier si votre cœur bat toujours, et vous envoyiez bien des innocents *ad patres*.

La justice aveugle, ça va. Aveugle et muette, bonjour les dégâts !

Pierre Bouillon, *Procès de Marie-Antoinette dans le Palais de justice* (1793), crayon sur papier, musée Carnavalet, Paris.

Sur une échelle de 1 à 10, à quel point êtes-vous superstitieux ?

Il faut remonter au 7 avril de l'an 30 pour comprendre pourquoi passer sous une échelle nous porterait malheur. Ce jour-là – un vendredi –, un événement important se déroule à Jérusalem : Jésus-Christ est crucifié. Et pour le placer en haut de la croix, qui mesure entre 3 et 4 mètres de haut, ses bourreaux doivent utiliser une échelle. Logique.

C'est aussi le cas pour les condamnés à la pendaison qui, de tout temps, sont hissés jusqu'à la potence à l'aide d'une échelle, sous laquelle ils passent avant de monter sur l'échafaud. Depuis, l'échelle est devenue symbole de mort et de malheur. Logique.

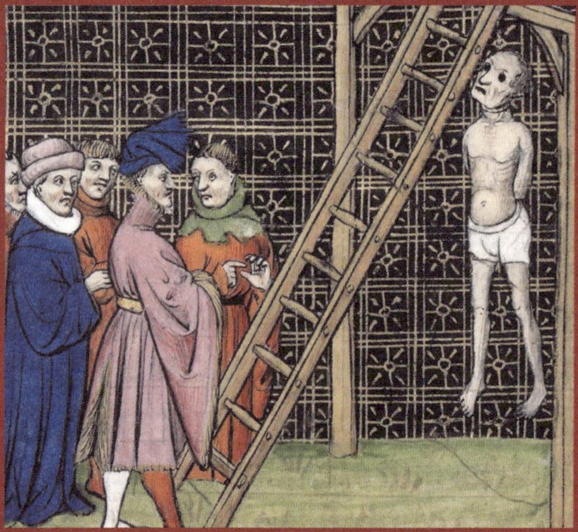

Miniature extraite des *Grandes Chroniques de France* (XIIIe s.) représentant l'exécution d'Enguerrand de Marigny.

Un volontaire pour le barbec ?

Au IIIe siècle ap. J.-C., Laurent de Rome, diacre de l'Église romaine, est un homme généreux, qui offre de la nourriture et prodigue du réconfort aux habitants les plus pauvres de la ville. Ce qui contrarie fort l'empereur romain Valérien (qui par ailleurs persécute les Chrétiens et a besoin d'entretenir ses armées) : il ordonne alors à Laurent de lui remettre les richesses de l'Église. Ce que le diacre refuse – on n'en attendait pas moins de lui.
En guise de représailles, Laurent est condamné à mort. Une mort lente et douloureuse – sinon, c'est pas drôle. Mais ça ne fait pas peur à Laurent, qui va subir l'épreuve du gril (oui vous avez bien lu : le gril ou plus exactement un bûcher peu allumé, de sorte que le feu consume tout doucement la chair du supplicié) qui, selon la tradition, aurait prononcé cette phrase magistrale face à ses bourreaux : « Je suis assez rôti de ce côté, vous pouvez me retourner. »
Douce consolation, Laurent le philanthrope a été canonisé. Figurez-vous qu'il est, aujourd'hui, le saint patron… des rôtisseurs !

Marc-Antoine Raimondi, *Le Martyre de saint Laurent* (1583), gravure (43,7 x 57,5 cm), musée national de la Renaissance, Écouen.

Une dernière cigarette ?

Entre 1792 et 1796 (c'est-à-dire pendant la Grande Terreur), plus de 13000 personnes ont été guillotinées. Ce qui fait donc environ 13000 réactions potentiellement différentes devant l'échafaud.
Les chroniqueurs n'ont pas manqué de rapporter les dernières paroles de condamnés célèbres. Louis XVI veut s'adresser à son peuple mais un roulement de tambours l'en empêche. Dans la charrette qui la mène au supplice, Charlotte Corday ne tient pas en place, s'agite pour apercevoir de loin les bois de justice dressés place de la Révolution. Marie-Antoinette se serait excusée après avoir marché sur le pied de son exécuteur. La comtesse du Barry se fait récalcitrante et cherche à gagner du temps : « Encore un moment monsieur le bourreau ! » tandis que Danton joue les bravaches, apostrophant Sanson : « Tu montreras ma tête au peuple, elle en vaut la peine ! ». Dans la même charrette que le leader révolutionnaire, Fabre d'Églantine s'inquiète de ne pas trouver la rime de son dernier poème. André Chénier, lui, plongé dans la lecture d'un livre, arrive à destination et marque sa page. Classe.

La Dernière Charrette, gravure extraite de l'ouvrage *Histoire de la Révolution française* d'Adolphe Thiers (1823-1827).

Gravure du XVIIIe s. représentant les massacres lyonnais perpétués à l'initiative de Jean-Marie Collot dit Collot d'Herbois le 14 décembre 1793.

De l'étripage généralisé

Dans ses mémoires, Alexandrine des Écherolles nous raconte qu'à Lyon, en pleine Terreur (1792-1795), les habitants se muent en assassins. « Se croyant de justes vengeurs », ces révolutionnaires « terroristes » tuent de jour comme de nuit. L'objectif : se débarrasser de ces autres révolutionnaires extrémistes, partis se battre, pourtant, pour la nouvelle République – et revenus au bercail.

Ces « vengeurs » sont alors surnommés les « Matevons » – « matevonner », en patois lyonnais, signifie « étêter les arbres ». Je vous laisse donc deviner la macabre spécialité de ces agitateurs, qui se rendront célèbres dans toute la France – jusqu'à Marseille, où ils reçoivent le nom de « buveurs de sang lyonnais. »

En bref, pendant la Révolution, on se battait entre révolutionnaires et royalistes, mais aussi entre révolutionnaires tout court.

La « Veuve »... pas très joyeuse

Si la guillotine est ainsi baptisée en hommage au docteur Guillotin (qui n'en est pourtant pas l'inventeur, voir p. 118), elle prend, au cours de l'histoire, tout un chapelet de surnoms. Parmi ceux-ci, la « Louison » (une référence à son concepteur, le chirurgien Antoine Louis), le « Moulin à silence », la « Cravate à Capet » (à la suite de l'exécution du roi Louis XVI), la « Mirabelle » (en souvenir de Mirabeau), ou le fameux « Rasoir national ». D'autres plus spécifiques évoquent l'expérience des condamnés : la « bascule à Charlot » (d'après le bourreau Charles-Henri Sanson) ou « l'Abbaye de Monte-à-regret ». Passé la Révolution, aux XIXe et XXe siècles, on préfère des appellations plus industrielles comme le « Vasistas », la « Raccourcisseuse », le « Coupe-cigare » ou le « Massicot ».

François Gabriel de Becdelièvre, *Tête guillotinée d'un parricide exécuté au Puy en 1825* (1825), huile sur toile (43 x 52 cm), musée Crozatier, Le-Puy-en-Velais.

Pauvres bougres

6 juillet 1750, 17 h, place de Grève, Paris. Deux hommes sont condamnés à mourir sur le bûcher pour s'être adonné au « mal italien » – comprenez, à l'homosexualité. Jean Diot, 40 ans, domestique, et Bruno Lenoir, 21 ans, cordonnier, ont été surpris cinq mois plus tôt, rue Montorgueil, entre les rues Saint-Sauveur et Beaurepaire, en « posture indécente » par un sergent du guet, qui les a tout de suite arrêtés.
L'un plaide qu'il a seulement voulu aider son compère endormi par terre, le second se justifie en disant qu'ils n'ont rien eu le temps de faire de répréhensible. Mais les deux hommes, faute de moyens, d'entregent et d'instruction (Jean Diot, par exemple, ne sait pas écrire), ne peuvent pas réellement se défendre – d'autant plus qu'il a été décidé de faire d'eux des exemples dans la répression de l'homosexualité. L'affaire est donc expédiée. Petite consolation : ils ont droit au *retentum*, un étranglement discret pratiqué par le bourreau avant que le feu ne les atteigne.
Jean Diot et Bruno Lenoir seront les deux derniers Français à être condamnés et exécutés pour homosexualité. Depuis 2004, une plaque commémorative, rue Léopold-Bellan (à l'endroit même où ils furent arrêtés) rappelle le triste destin de ces deux martyrs.

Miniature extraite de l'ouvrage *Die Grosse Burgunderchronik* (fin XVe s.) de Diebold Schilling l'Ancien représentant le supplice du chevalier Hohenburg et de son valet, brûlés en 1482 pour sodomie, devant la ville de Zürich.

L'habit ne fait pas le moine

Les guerres de Religion font rage en 1589 (on en est quand même à la huitième, hein...), et un moine dominicain, Jacques Clément, tient le roi Henri III pour un ennemi du catholicisme, un suppôt de Satan, et envisage ni plus ni moins de l'assassiner (on rigole pas, à l'époque). Il s'arrange donc pour lui demander audience. À Saint-Cloud, le monarque le reçoit sur sa chaise percée – on ne se formalise pas en ce temps-là, c'est apparemment la manière royale de recevoir.
Clément brandit un couteau et poignarde Henri III, lequel encaisse l'assaut en retirant lui-même la lame de son ventre en criant : « Ah, méchant, tu m'as tué ! »
Panique générale : les gardes accourent, massacrent le moine et le défenestrent. Pendant ce temps, les médecins du roi lui remettent les intestins en place et recousent sa blessure. Henri III meurt dans la nuit et un procès posthume est organisé : le corps du meurtrier est écartelé puis brûlé, et ses cendres sont jetées dans la Seine afin qu'il n'en reste aucune trace.
La demi-mesure ? Pas le style de la maison !

Gravure allemande représentant la passation de pouvoir entre Henri III et Henri de Navarre après l'assassinat du roi de France par Jacques Clément.

On ne badine pas avec la guillotine

Dans les premières années de la Révolution, Joseph Chalier prend la tête d'un mouvement de sans-culottes lyonnais et fait venir de Paris une guillotine flambant neuve. Sauf que la guillotine est livrée en kit et doit être montée sur place. Sans notice explicative.
Chalier fait un peu le fou et tente de prendre l'Hôtel de ville. Arrêté, il est condamné à mort – et devient, de fait, le premier à se faire raccourcir par la jolie petite machine qu'il a lui-même commandée quelque temps auparavant.
Sauf que la guillotine a été mal montée : les montants n'ont pas été assemblés de façon parallèle et le couperet ne glisse pas comme il faut.
Chalier monte sur l'échafaud, le bourreau le ligote sur la bascule, avant d'actionner le couperet qui termine sa course… fiché dans le cou de Chalier. Il faut s'y reprendre à trois fois avant que le bourreau ne jette l'éponge et n'achève le supplicié au couteau.
Heureusement qu'aujourd'hui, Ikea est là !

Jacques-Philippe Caresme, *Dernières paroles de Joseph Chalier dans les prisons de Lyon* (1793), gravure (42,2 x 55,5 cm), musée du Louvre, Paris.

L'entraînement, la clef du succès !

En 1757, le comte de Lally-Tollendal est nommé par le roi Louis XV, Gouverneur général des établissements français de l'Inde. Une belle promotion pour un poste à responsabilités : la France doit conquérir l'Inde, s'y installer et maintenir ses positions face aux Anglais, quelque peu harceleurs.
Hélas, en 1761, le comte capitule devant l'ennemi. Parce qu'il a failli à sa mission, l'ex-gouverneur est embastillé. Et condamné à mort par-dessus le marché !
Le voici alors sur l'échafaud, face à un jeune bourreau, Sanson fils, plutôt hésitant. L'exécuteur inexpérimenté manie bien mal l'épée. Au premier coup, il se loupe, rate la nuque du supplicié, mais pas sa mâchoire, qu'il brise en plusieurs endroits. Le condamné doit être menotté (mains derrière le dos – une position bien humiliante pour un homme de cette condition) pour subir une seconde tentative… Ce qui a scandalisé les spectateurs, la France, l'Europe et Voltaire, qui fera de Lally-Tollendal un martyr.
Mais rassurons-nous : après ce gros ratage qui lui a permis de se faire la main, le jeune bourreau sera promis à un brillant avenir : Charles-Henri Sanson, car c'est lui, décapitera Louis XVI, Danton ou encore Robespierre… cette fois-ci avec une guillotine ! Ça aide.

Eau-forte (1844) représentant l'exécution de Thomas Arthur, comte de Lally, le 8 mai 1766 à Paris, collection privée.

À quelque chose, malheur est bon...

C'est en 1757 que Robert-François Damiens tente d'assassiner Louis XV. Le régicide aussitôt appréhendé, le roi blessé s'écrie : « Qu'on ne lui fasse aucun mal ! » mais le prévôt de Paris en décide autrement. Entre autres tortures (main droite brûlée et coupée, chairs arrachées...), on verse sur les plaies du condamné du plomb fondu avant de l'envoyer en place de Grève (l'actuelle place de l'Hôtel-de-ville à Paris) pour y être écartelé – ah bah oui, en public, sinon c'est pas drôle... Seize bourreaux viendront de toute la France pour exécuter la sentence. Mais Damiens est robuste et ses tortionnaires ne parviennent à leurs fins qu'au bout de... 2 h 15 de supplice ! Bref, le spectacle est si atroce que le bourreau Sanson lui-même (l'oncle de celui qui décapitera Louis XVI) jettera le gant après cette séance particulièrement éprouvante.

La bonne nouvelle ? L'écartèlement ne sera plus pratiqué en France.

Exécution de Damiens, illustration de Théophile Fragonard extraite de l'ouvrage *Histoire des Jésuites* d'Adolphe Boucher (1846).

SCANDALE À LA UNE !

Pour faire pâlir d'envie les rédactions des magazines people d'aujourd'hui, rien ne vaut un bon vieux livre d'histoire ! Splendeurs et misères des célébrités d'hier – Napoléon, Louis XIV, Félix Faure..., c'est par ici.

L'empereur, sa femme et le p'tit chien

Napoléon III a pour maîtresse une comédienne du nom de Marguerite Bellanger, qu'il comble de cadeaux : maisons, voitures, chevaux et… un chien qui, selon certains historiens, est à l'origine d'une grande crise conjugale au sein du couple impérial.

Un jour où Napoléon III se promène avec sa femme, ils croisent ladite Marguerite flanquée de son épagneul. Et le toutou fait la fête à l'empereur. Je vous laisse imaginer le malaise… L'impératrice, qui n'est pas née de la dernière pluie, flaire l'embrouille et interdit à l'infidèle de retourner conter fleurette à Marguerite. En plus des foudres de l'épouse trompée, la comédienne essuie celles de l'opinion publique : elle est, entre autres, la cible de l'artiste Paul Hadol qui la représente sous les traits d'une chatte dans une série de caricatures intitulée *La Ménagerie impériale*.

Les deux amants n'en conserveront pas moins une relation jusqu'à la mort de Napoléon III.

Paul Hadol, *La Ménagerie impériale : portrait-charge n°10 de Marguerite Bélenger « la chatte »* (1870), lithographie (27,7 x 17,7 cm) château de Compiègne.

Le roi et la borgnesse

En l'an de grâce 1652, le jeune Louis XIV a 14 ans – soit la majorité pour un roi de France. Et dans la tête de sa mère Anne d'Autriche, majorité rime avec sexualité : il est donc grand temps de déniaiser le petit Louis. La régente charge Catherine Bellier, dite « Cateau », une femme de chambre laide et borgne, du dépucelage royal. Elle a 20 ans de plus que le gamin et traîne une réputation de femme à la cuisse légère, elle devrait donc savoir s'y prendre !

Ce « complot » ne s'est pas déroulé sans violence : Cateau chope Louis XIV alors qu'il s'est isolé dans un couloir du Louvre. Selon certains témoins, il s'agit ni plus ni moins d'un viol ! Malgré tout, le jeune monarque, restera fidèle à son initiatrice durant deux années. Laquelle sera grassement remerciée pour ses services : propriétés, bourses pleines et titre de baronne lui sont offerts par la régente. On dit merci à maman !

Justus Van Egmont, *Louis XIV* (1651-1654), huile sur toile (137,5 x 105 cm), musée d'histoire de l'art de Vienne (Autriche).

Paul Delaroche, *Napoléon à Fontainebleau, le 31 mars 1814* (1840), huile sur toile (181 x 137 cm), musée de l'Armée, Paris.

Zizi pas top

Napoléon Ier a tout juste rendu son dernier souffle que son corps est rapidement autopsié et préparé pour l'embaumement : organes (internes et externes), dents, cheveux et ongles sont prélevés... et finissent dans les poches (façon de parler) du médecin légiste, Francesco Antommarchi. De même que... son pénis.

Passée de mains en mains, puis rachetée dans les années 1920, la bistouquette impériale, longtemps laissée à l'air libre, rétrécit jusqu'à atteindre la taille ridicule de... 3 centimètres. Exposée dans une vitrine du Museum of French Arts de New York en 1927, elle est l'objet de moqueries et comparée à une anguille ridée. Et certains historiens de conclure qu'à petit homme, petit pénis.

Mais si la précieuse relique a bel et bien été identifiée comme un sexe masculin, rien ne prouve qu'il s'agisse bien de celui de Napoléon Ier. Au cas où, que l'Empereur se console : plus c'est petit, plus c'est mignon...

Scandale à la hune !

« Il y a du monde au balcon ». Cette expression forgée au XIXe siècle fait référence à une « coutume » un peu spéciale, en vogue en France dans les milieux bourgeois. Lorsqu'une jeune fille atteignait l'âge de convoler, il était de bon ton de profiter d'une sortie au théâtre pour attirer sur elle les regards d'éventuels prétendants… en « exposant » ses charmes (à savoir, sa poitrine) depuis les loges réservées pour jouir du spectacle. Le décolleté étant alors de rigueur, il n'y avait plus qu'à se rincer l'œil. Et accessoirement, faire sa demande en mariage.
Belle époque…

Eugène Giraud, *Le Bal de l'Opéra* (1866), huile sur toile, musée Carnavalet, Paris.

Gravure de 1653 représentant Claire-Clémence de Maillé-Brézé, princesse de Condé (23 x 16 cm).

Une prison dorée

Nièce du cardinal de Richelieu, Claire-Clémence de Maillé épouse en 1641 Louis, duc d'Enghien, prince de Condé – celui qui prendra plus tard le nom de « Grand Condé ». Elle a 13 ans, il en a 20 et ils ne se connaissent pas. Mais tonton Richelieu a une idée derrière la tête – voir sa nièce devenir un jour reine de France par le biais de son mariage avec un homme qui pourrait bien monter sur le trône si le couple Louis XIII/Anne d'Autriche devait rester sans descendance.

Seulement voilà : Louis méprise sa jeune épouse, laquelle lui est cependant fort dévouée. Lorsque le frondeur tombe aux mains de la justice royale et se retrouve emprisonné à Vincennes, elle rameute la noblesse provinciale et fonce au Parlement demander sa libération. Et ça marche !

Après leur exil en Espagne, le triste ménage rentre en France. Louis se met au vert dans son château de Chantilly, mais contraint sa femme à rester à l'hôtel de Condé à Paris, et à y mener une vie de recluse. Mais en janvier 1671, Claire-Clémence est blessée dans sa propre chambre en s'interposant au milieu d'une bagarre entre son valet Nicolas Duval et son cousin Jean-Louis de Bussy-Rabutin. L'événement intrigue et les mauvaises langues se délient. Bientôt, c'en est fini de la réputation de la princesse tandis que le valet est envoyé aux galères et le cousin exilé en Transylvanie.

Condé profite alors du scandale pour se débarrasser de l'épouse encombrante, laquelle est définitivement enfermée au château Raoul de Châteauroux. Claire-Clémence meurt en 1694 dans ce château-prison à l'âge de 66 ans, après 24 ans de rude détention.

La petite mort de Félix Faure

Le 16 février 1899, Félix Faure, président de la République française, est retrouvé en pleine agonie au palais de l'Élysée. À ses côtés, Marguerite Steinheil. Reconstitution. L'homme, âgé de 58 ans et dont l'état de santé n'est guère reluisant, s'est accordé une entrevue dans le salon bleu avec la jeune femme qui n'est autre que sa maîtresse. Lorsque les secours pénètrent dans la pièce, alertés par des cris, le président est, selon toute vraisemblance, en train de succomber à un arrêt cardiaque ou à une congestion cérébrale. Les mauvaises langues insinueront que le rendez-vous galant a mal tourné, probablement à la suite de l'absorption de produits aphrodisiaques. Selon d'autres rumeurs, Faure aurait été découvert, très légèrement vêtu, les doigts crispés sur la chevelure de « Meg », tout aussi dépoitraillée, dans une position qui lui vaudra le surnom de « pompe funèbre ».
Une piste confirmée par ce mot de Georges Clémenceau : « Il se croyait César, il n'est mort que Pompée... »

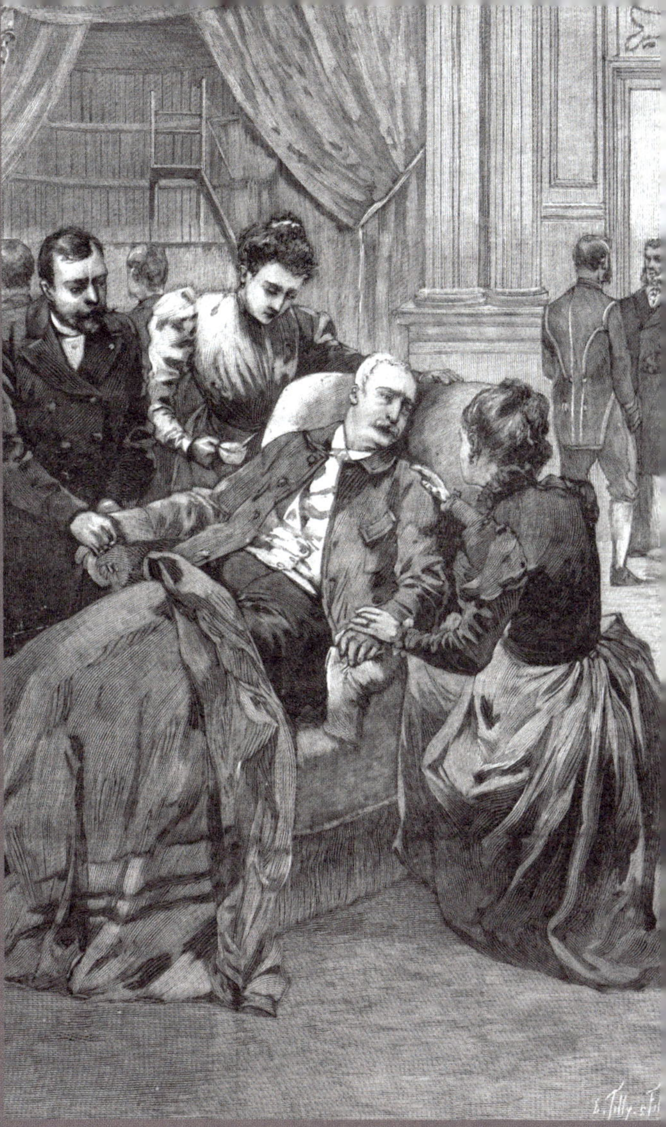

Une du journal *Le Progrès illustré* (n°428, 26 février 1899) titrée « Les derniers moments de M. Félix Faure ».

Jean Nocret, *Marie-Thérèse d'Autriche, infante d'Espagne, reine de France* (XVIIe s.), huile sur toile (150,5 x 178 cm), châteaux de Versailles et de Trianon.

Merci pour le chocolat !

Le meilleur ami de la reine Marie-Thérèse, l'épouse de Louis XIV, est un nain originaire d'Afrique prénommé Nabo. Toujours fourré dans les jupes de la reine, il veille assidûment sur la grossesse de Marie-Thérèse, au grand étonnement des courtisans. Mais la légende raconte que lorsque la reine accouche, c'est le drame : le bébé (une fille) qui pointe le bout de son nez entre les royales cuisses, a la peau très foncée...
Pour sa défense, la pieuse Marie-Thérèse aurait tenté d'expliquer le phénomène par une trop grande consommation de chocolat. Meilleure excuse ever. Le roi y croit moyen, et Nabo disparaît du jour au lendemain sans donner de nouvelles. Quant à l'enfant, elle est déclarée morte, mais on retrouvera quelque temps plus tard une belle jeune femme métisse dans un couvent près de Versailles.

Un cadeau empoisonné

Le roi Philippe le Bel (1268-1314) a marié ses trois fils, Louis, Philippe et Charles à trois jeunes femmes, Marguerite, Jeanne et Blanche de Bourgogne. Sauf que les trois demoiselles ont un peu la tête ailleurs et batifolent avec deux frangins, chevaliers normands, dans le secret de la tour de Nesle à Paris.
Malgré les rumeurs, les imprudentes ne sont guère inquiétées jusqu'à ce qu'Isabelle de France, la quatrième fille du roi, repère un jour, à la ceinture des galants, de jolies aumônières dont elle a, par le passé, fait présent à ses belles-sœurs. Les coquettes sont donc méchamment prises en flag'... et leurs amoureux salement exécutés : d'abord battus en public, ils sont émasculés, ébouillantés au plomb fondu, traînés dans Paris par des chevaux, puis décapités. Enfin, leurs corps sont pendus par les pieds ou les aisselles, exposés à la vue de tous.
Tondues, Marguerite, Jeanne et Blanche sont enfermées dans une tour de Château-Gaillard. Jeanne est la seule à ne pas être condamnée pour infidélité (pour complicité seulement) et retrouve au bout de quelque temps sa liberté. Mais les deux autres croupissent en captivité avant de disparaître mystérieusement, victimes d'un probable étranglement. Philippe le Bel étant décédé l'année du scandale, on peut aisément imaginer combien ses héritiers Louis et Charles étaient gênés de s'afficher avec des épouses adultères...
Conclusion : quand on vous offre un cadeau, gardez-le !

Tableau anonyme (XIXe s.) représentant les princesses accusées d'adultères enfermées à Château-Gaillard (huile sur toile, 66 x 82 cm). (Ci-contre) Détail du plan de Paris (dit « plan de Bâle ») par Truschet et Hoyau (gravure sur bois, 96 x 133 cm) représentant au XVIe s. la tour et l'hôtel de Nesle en face du Louvre.

LATOVR
NELLE
·R·DE SEINE
TOVR
BOIS·

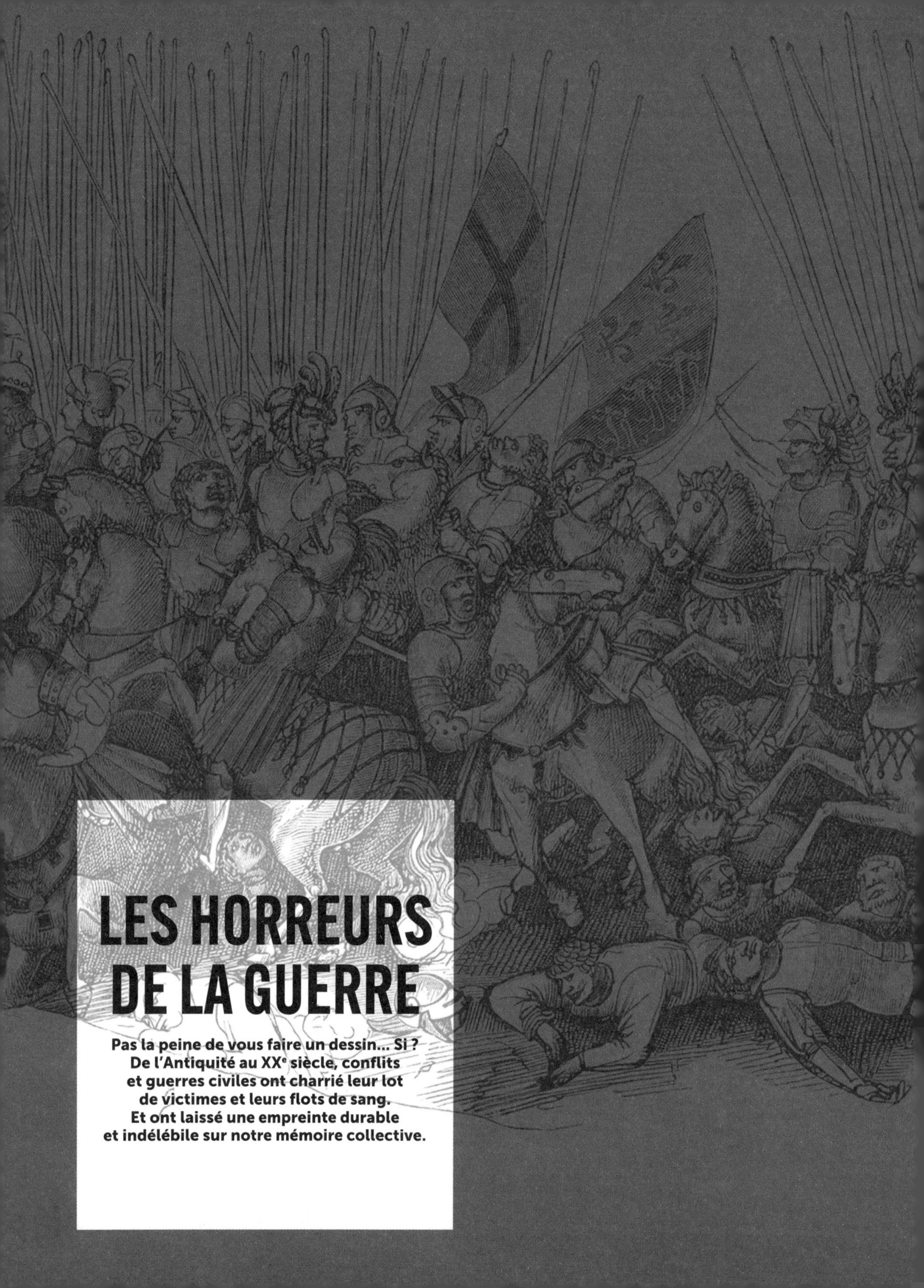

LES HORREURS DE LA GUERRE

Pas la peine de vous faire un dessin… Si ? De l’Antiquité au XXe siècle, conflits et guerres civiles ont charrié leur lot de victimes et leurs flots de sang. Et ont laissé une empreinte durable et indélébile sur notre mémoire collective.

1, 2, 3... massacrez !

En pleine guerre de Cent Ans, à Azincourt, soldats français et anglais règlent leurs comptes dans le sang. La bataille sera terrible côté français : on dénombre pas moins de 6 000 morts et 2 200 prisonniers sur environ 15 000 soldats. Côté anglais ? 600 morts dont 13 chevaliers seulement, sur 9 000 combattants.

Avec un tel nombre de captifs aux mains de l'ennemi, la perfide Albion va sûrement pouvoir remplir les caisses du royaume grâce à de belles demandes de rançons ? Eh bien non : sur ordre d'Henry V, le roi d'Angleterre, tous les prisonniers sont massacrés sur place. Égorgés, assommés à coups de masses d'armes, crânes fracassés ou brûlés vifs, aucun Frenchy n'est épargné. La bataille d'Azincourt est, ainsi, l'une des pires défaites de l'histoire militaire française.

Miniature anglaise sur vélin datée du XVe s., représentant la bataille d'Azincourt, Lambeth Palace Library, Londres.

Les nerfs de la guerre

C'est au XIIe siècle que naît la légende des « Énervés de Jumièges ». Cinq cents ans plus tôt, Clovis II s'offre un pèlerinage en Terre sainte, laissant les rênes du pouvoir à Clotaire, son fils aîné, lequel profite de son absence pour comploter avec l'un de ses frères cadets contre son royal papounet.

Rentré en Gaule, Clovis remet de l'ordre dans ses affaires et condamne sa séditieuse progéniture à mort. Leur mère, la reine Bathilde, émue par le sort des deux frangins, suggère qu'on leur brûle les nerfs des jambes afin qu'ils ne puissent plus se dresser contre leur père (ah oui, c'est plus sympa, effectivement…). La daronne va ensuite placer ses rejetons devenus apathiques et inutiles au royaume sur un radeau sans rames sur la Seine. Emportés au gré du courant, les deux frères terminent leur voyage à Jumièges, en Normandie. Recueillis par l'abbé de la ville, ils entrent dans les ordres et finissent leur vie dans la sérénité d'un monastère.

Mais cette terrible aventure n'est qu'une fake news – et une belle : Clovis II étant mort à 22 ans, il n'a en réalité pas pu voir grandir ses fils.

Luminais Évariste Vital, *Les Énervés de Jumièges* (fin XIXe s.), huile sur toile (197 x 276 cm), musée des Beaux-Arts de Rouen.

Mais oui, mais oui… la guerre est finie

En 1941, le soldat japonais Hirō Onoda est engagé dans l'armée pour défendre l'île de Lubang, aux Philippines, contre les troupes américaines. Mais l'armée US finit par prendre possession du territoire et Onoda part se cacher au sein des montagnes de l'île. Il restera seul en pleine jungle… pendant vingt-neuf ans.
En 1974, il est finalement retrouvé. Hourra ! Va-t-il enfin pouvoir mener une vie normale et civilisée ? Pas vraiment : Onoda refuse de croire que la guerre est finie et s'entête à ne pas déposer les armes. Il faut l'intervention de son ancien commandant, heureusement toujours en vie (et devenu, entre-temps, libraire) pour l'inciter à se rendre. C'est donc ainsi qu'Hirō Onoda, l'un des tout derniers soldats de l'armée japonaise à rejoindre la vie civile, devient une légende. Parti au Brésil pour élever du bétail, il rédige son autobiographie avant de s'en retourner au Japon pour créer… un camp de survie pour enfants.

Photographie d'Hirō Onoda, vers 1945.

Miniature représentant le siège d'Orléans, extraite du manuscrit de Martial d'Auvergne, *Les Vigiles de Charles VII* (vers 1484).

« Fuck you, fuck you very, very much »

Les historiens débattent encore de l'origine du doigt d'honneur. Si certains pensent qu'elle remonte à l'antiquité grecque, d'autres soutiennent qu'elle trouve ses racines au Moyen Âge. Et ces derniers pourraient avoir raison. C'est au cours de la guerre de Cent Ans (1337-1453 – oui vous savez compter, ça fait 116 ans en vrai) qu'apparaît cette fâcheuse gestuelle : pendant que les archers anglais et les fantassins français se massacrent, les lanceurs de flèches de la perfide Albion qui tombent aux mains de l'ennemi se font couper l'index et le majeur. Alors, pour narguer les Froggies, les Rosbifs encore en lice exhibent fièrement leurs doigts non (encore) sectionnés – l'équivalent *british* de notre doigt d'honneur *made in France*.
Une charmante tradition, n'est-il pas ?

Un petit jeu bien innocent

Le jeu de colin-maillard tirerait son nom d'un guerrier belge, qui, à la fin du Xe siècle, se serait fait crever les yeux en pleine bataille. Cette mutilation ne l'arrête pas pour autant : le valeureux combattant continue de jouer de son arme, un redoutable maillet, frappant à l'aveuglette tout ce qui passe à sa portée. Amusant, non ? Non ? Ah bon…

(Ci-dessus) Image d'Épinal représentant l'origine héroïque du jeu de colin-maillard par E. Phosty(1895).
(Ci-contre) Jean-Honoré Fragonard, *Deux jeunes gens jouant et jouant* (1751), huile sur toile (116,8 x 91,4 cm), Toledo Museum of Art.

Ce soir, on vous met… la pâtée !

Lors de la bataille de Patay (1429), près d'Orléans, en pleine Guerre de Cent Ans, de nombreux soldats anglais tombent sous les armes françaises. Jeanne d'Arc, à la tête de la cavalerie, écrase l'ennemi sans aucune pitié. Un vrai massacre : 2500 victimes ou prisonniers côté anglais contre une centaine côté français.
Une victoire éclatante que l'on célèbrera en forgeant la fameuse expression « mettre la pâtée à quelqu'un ».

Gravure du XIXe s. représentant Jeanne d'Arc lors de la bataille de Patay (1429).

C'est de la cliche !

En 1792, en pleine Révolution, les Français doivent croiser le fer à Valmy, près de Reims, avec les soldats d'une armée austro-prussienne venue attaquer le pays. Spoiler alert : on a gagné cette bataille. En fait, les soldats ennemis ont battu en retraite à cause de ce qu'on appelle une « dysenterie » violente – en d'autres termes, une grosse épidémie de diarrhée.
Une façon comme une autre de laisser une trace dans l'histoire.

Jean-Baptiste Mauzaisse d'après Horace Vernet, *Bataille de Valmy* (1821), huile sur toile (296 x 678 cm), châteaux de Versailles et de Trianon.

Confidences sur l'oreiller

Qui dit « guerre », dit « espion ». Et qui dit « guerre de Religion », dit « escadron ». Escadron « volant » pour plus de précision. C'est sous ce terme que les historiens, qui bien qu'ils débattent encore de la véracité de son existence, désignent un groupe de jeunes beautés, à l'éducation et à la conversation soignées, missionnées par la reine Catherine de Médicis pour recueillir – à l'horizontale – auprès des principaux chefs de guerre (catholiques et protestants) des informations quant à leur stratégie militaire. En échange de leur participation, ces jouvencelles de haute naissance sont nourries et entretenues sur les propres deniers de la veuve d'Henri II. Une seule règle : ne pas tomber amoureuse, ni enceinte. Isabelle de Limeuil, jeune demoiselle de l'escadron, doit séduire Louis de Bourbon, prince de Condé – mari fidèle, père de famille et oncle d'Henri de Navarre (c'est quand même mal barré), afin de lui arracher quelque secret quant aux positions huguenotes ou à défaut de le détourner de desseins guerriers. La demoiselle est habile – le prince tombe amoureux. Le hic ? Après plusieurs mois de relation, vers 1564, Isabelle attend un enfant. Et Louis, en réalité, a bien d'autres chats à fouetter : il ne sera question ni de mariage (enfin bon, il en épousera finalement une autre) ni de bâtard.
Rassurez-vous, Isabelle refait sa vie loin de la cour et convole avec un financier riche comme Crésus – celui de Catherine de Médicis, ça aide. Condé, lui, tombe mort au champ de bataille en 1569 à Jarnac. Venue « se recueillir » sur sa dépouille, son ex-maîtresse ne pourra retenir ce mot : « Enfin ! »
Ambiance...

Illustrations d'Edmond Mallassis, extraites de *Vies des dames galantes* de Brantôme (1935).

Malassis
1934

Index

des personnes citées dans l'ouvrage

J

K

L

M

N

O

P

R

S

T

V

W

Bibliographie

Beaucarnot (Jean-Louis), Qui étaient nos ancêtres ? : de leur histoire à la nôtre, Lattès, 2002.

Bastien (Pascal), *L'Exécution publique à Paris au XVIIIe siècle : une histoire des rituels judiciaires*, Champ Vallon, 2013.

Benzoni (Juliette), *Dans le lit des rois et des reines*, Pocket, 2012.

Bern (Stéphane), Deutsch (Lorànt), *Laissez-vous guider : au cœur de la Révolution française*, M. Lafon, 2021.

Bern (Stéphane), Deutsch (Lorànt), *Laissez-vous guider : le Paris du Moyen Âge*, M. Lafon, 2021.

Bern (Stéphane), Deutsch (Lorànt), *Laissez-vous guider : sur les pas de Napoléon*, M. Lafon, 2021.

Bordes (Gilbert), *La Peste noire*, tomes 1 et 2, Pocket, 2010.

Castelot (André), *L'Histoire à table : si la cuisine m'était contée*, Perrin, 2015.

Cazacu (Matei), *Dracula : de l'empaleur Vlad III à l'empereur des vampires*, Tallandier, 2020.

Chollet (Mona), *Sorcières : la puissance invaincue des femmes*, Zones, 2018.

Combescot (Pierre), *Pour mon plaisir et ma délectation charnelle*, Grasset, 2009.

Contamine (Philippe), *La Guerre de Cent Ans*, Que sais-je ?, 2021.

Cross (Donna), *La Papesse Jeanne*, France Loisirs, 1997.

De Tonnac (Jean-Philippe), Kaplan (Steven), *La France et son pain : histoire d'une passion. Entretiens avec Jean-Philippe de Tonnac*, Albin Michel, 2010.

Des Écherolles (Alexandrine), *Une famille noble sous la Terreur*, Mercure de France, 2020.

Deserable (François-Henri), *Tu montreras ma tête au peuple*, Folio, 2014.

Druon (Maurice), *Les Rois maudits*, tomes 1 à 4, Plon, 2005.

Dupré (Ernest), *La folie de Charles VI, roi de France*, CreateSpace Independent Publishing Platform, 2018.

Eymerich (Nicolau), *Le Manuel des Inquisiteurs*, Albin Michel, 2001.

Ferrand (Franck), *La Cour des dames*, tome 1, J'ai Lu, 2016.

Frédéric (Marie-Claire), *Pourri*, Les ateliers d'argol, 2019.

Gallo (Max), *Jeanne d'Arc, jeune fille de France brûlée vive*, XO, 2011.

Gélinet (Patrice), *2000 ans d'histoire gourmande*, Perrin, 2008.

De Gouges (Olympe), *Femme, réveille-toi ! :* déclaration des droits de la femme et de la citoyenne, Folio, 2014.

Hénaut (Stéphane) et Mitchell (Jeni), *Histoire de France à pleines dents*, Flammarion, 2019.

Krikorian (Sandrine), *Les Rois à table : iconographie, gastronomie et pratiques des repas officiels de Louis XIII à Louis XVI*, Presses Universitaires de Provence, 2011.

Lapierre (Alexandra), *Je te vois reine des quatre parties du monde*, Pocket, 2014.

Lautard (Laurent), *Esquisses historiques : Marseille depuis 1789 jusqu'en 1815. Par un vieux marseillais*, Imprimerie de Marius Olive, 1844.

Lawday (David), *Danton : le géant de la Révolution*, Albin Michel, 2012.

Leguay (Jean-Pierre), *La Rue au Moyen* Âge, Ouest-France, 1984.

Louis (Michel), *La Bête du Gévaudan*, Perrin, 2003.

Napoléon Ier,

Napoléon Bonaparte, *Lettres d'amour : à Désirée, Joséphine, Marie et Marie-Louise*, Archipel, 2005.

Nicolas II, *Journal intime : décembre 1916-juillet 1918*, Perrin, 2020.

Pernoud (Régine), *Pour en finir avec le Moyen Âge*, Points, 2014.

Pigaillem (Henri), *Dans les draps de l'histoire : dictionnaire historique de la passion amoureuse*, Télémaque, 2016.

Pline l'Ancien, *Histoire naturelle*, Livre XXVIII, Les Belles Lettres, 1962.

Quétel (Claude), *Crois ou meurs ! : histoire incorrecte de la Révolution française*, Tallandier, 2021.

Ravenne (Jacques), *Les Derniers Jours de Robespierre : la chute*, Pocket, 2021.

Reynaert (François), *Nos ancêtres les Gaulois et autres fadaises*, Fayard, 2010.

Ronecker (Jean-Paul), *Encyclopedia vampirica : encyclopédie illustrée des* vampires, Temps présent, 2009.

Sales (Véronique) et Weill-Parot (Nicolas), *Le vrai visage du Moyen Âge* : au-delà des idées reçues, Vendémiaire, 2017.

Sanson (Henri-Clément), *Mémoire des Sanson : sept générations d'exécuteurs, 1688-1847*, Jérôme Millon, 2013.

Tassard (François), La Vie des Français au temps du Roi-Soleil, Larousse, 2002.

Teulé (Jean), *Entrez dans la danse*, Pocket, 2019.

Teulé (Jean), *Je, François Villon*, Pocket, 2007.

Teulé (Jean), *Le Montespan*, Pocket, 2009.

Wahnich (Sophie), *La Révolution française*, Hachette Éducation, 2013.

Crédits iconographiques

Conception graphique et mise en page : Stéphanie Aguado

Dépôt légal : octobre 2023
ISBN : 978-2-7556-7019-6
Achevé d'imprimer en septembre 2023 par DZS (Slovénie)